U0631034

大连海洋大学

涉海翻译人才语言服务能力培养
与人才库建设路径研究

郭艳玲◎著

长春出版社

国家一级出版社
全国百佳图书出版单位

图书在版编目(CIP)数据

涉海翻译人才语言服务能力培养与人才库建设路径研
究 / 郭艳玲著. —长春：长春出版社，2022.6
ISBN 978-7-5445-6719-0

Ⅰ.①涉… Ⅱ.①郭… Ⅲ.①高等学校–翻译–人才
培养–研究–中国 Ⅳ.①H059

中国版本图书馆 CIP 数据核字(2022)第 088812 号

涉海翻译人才语言服务能力培养与人才库建设路径研究

著　　者：郭艳玲
责任编辑：孙振波
封面设计：宁荣刚

出版发行　**長春出版社**　　　　总编室电话：0431-88563443
　　　　编辑室电话：0431-88561184　　发行部电话：0431-88561180
地　　址：吉林省长春市长春大街 309 号
邮　　编：130041
网　　址：www.cccbs.net
制　　版：佳印图文
印　　刷：三河市华东印刷有限公司
经　　销：新华书店

开　　本：710 毫米×1000 毫米　1/16
字　　数：105 千字
印　　张：8.25
版　　次：2022 年 6 月第 1 版
印　　次：2022 年 6 月第 1 次印刷
定　　价：48.00 元

版权所有　盗版必究
如有印装质量问题，请与印厂联系调换　　　　印厂电话：13933936006

前　言

21世纪，人类进入大规模开发利用海洋时期。我国海洋产业年增加值相当于全国GDP的4%，海洋产业对国民经济的贡献越来越大。海洋产业的繁荣，促进了我国海洋经济的发展。涉海翻译人才是进一步促进我国海洋经济发展，增强我国海洋经济国际竞争力的主力军。

辽宁省是海洋大省，濒临黄海、渤海，是东北地区唯一一个沿海省份。辽宁省有150多家具有国际贸易关系的涉海、涉渔知名企业，如辽宁海洋渔业集团、大连远洋渔业有限公司等，它们是辽宁省海洋经济发展的重要支柱，由于这些企业需要大量涉海领域翻译人才来提升企业竞争力。因此，涉海翻译人才必须具有较强的语言服务能力，它是辽宁省海洋经济发展的重要保障。

目前，涉海翻译语言服务人才培养的现状令人担忧，在人才培养过程中存在的问题也急需解决。本书分为两部分内容，第一部分以高校涉海翻译人才语言服务能力培养为中心，分析涉海翻译语言服务人才培养的现状及问题，研究解决涉海翻译语言服务人才培养中存在问题的解决策略，尝试构建涉海翻译人才语言服务能力体系，探究涉海翻译人才语言服务能力培养路径，旨在提高涉海翻译人才的语言服务能力，培养能满足语言服务行业需求的跨语言、跨文化、跨领域的具有较强语言服务能力的复合型涉海翻译人才，培养能适应国家经济、文化、社会建设需要，胜任不同专业领域，尤其胜任海洋经济领域工作所需要的高层次、应用型、专业化涉海翻译人才。第二部分以语言服务行业的涉海翻译人才管理为中心，探究信息时代涉海翻译语言服务人才库建设的路径，分析涉海翻译人才管理及信用系统产品，通过分析现有产品的战略以及梳理脉络，寻求获得切入点，从而形成涉海翻译人才人才库体系架构的核心竞争力。

本书旨在为涉海高校培养满足语言服务行业需求的跨语言、跨文化、跨领域的具有较强语言服务能力的复合型涉海翻译人才提供借鉴，在功能、业务、技术等方面对企业的涉海翻译人才库体系建设给予指导，提高涉海翻译人才语言服务能力的核心竞争力。以促进我国海洋经济发展，为辽宁省海洋经济发展提供保障。

本专著为辽宁省教育厅 2019 年度科学研究经费项目"服务辽宁海洋经济发展的涉海翻译人才语言服务能力体系构建及路径研究"（课题编号：JW201903）的研究成果。

目　录

第一部分
涉海翻译人才语言服务能力培养

第一章　涉海翻译人才语言服务能力培养现状与存在的问题 ········· 3
第二章　涉海翻译人才语言服务能力体系构建 ·············· 8
第三章　涉海翻译人才语言服务能力培养路径 ·············· 12

第二部分
涉海翻译人才库建设路径

第四章　语言服务行业概述 ··················· 51
第五章　语言服务行业人才管理平台 ·············· 54
第六章　涉海翻译语言服务区块链人才库
　　　　——职业信用数字资产 ············ 112

后　记 ····························· 124

第一部分

涉海翻译人才语言服务能力培养

第一章　涉海翻译人才语言服务能力培养现状与存在的问题

一、涉海翻译人才语言服务能力培养的现状及存在的问题

现代语言需要跨语言、跨文化和跨领域的复合型人才。单纯的语言内能力已无法满足新时代背景下海洋经济发展的需要，涉海翻译人才必须具备语言内能力和语言外能力。语言内能力包括源出语水平、目的语水平、百科知识、翻译技巧等要素，语言外能力包括跨文化交际能力、翻译技术运用能力、实践能力、本地化服务能力等要素。以涉海翻译人才语言服务能力的构成为依据，笔者认为涉海翻译人才语言服务能力培养的现状及存在的问题如下：

（一）涉海翻译硕士以语言专业背景为主，涉海等其他专业领域知识相对薄弱

以大连海洋大学为例，学校涉海翻译硕士约80%以上的学科背景为语言文学专业，其他文科专业及理工科专业背景的学生占比不足20%。学业背景单一造成了学生其他专业领域知识相对薄弱。

（二）涉海类高校翻译技术类课程整体开设不足，涉海翻译硕士翻译技术运用能力不强

据调查，涉海高校中翻译技术类课程整体开设不足，在开设的翻译技术课程中主要以计算机辅助翻译、本地化技术为主，而翻译项目管理、机器翻译原理与应用、术语管理等课程开设的学校并不多，造成了涉海翻译硕士翻译技术运用能力不强的问题。

（三）涉海类高校特色课程开设数量有限，涉海翻译硕士本地化服务能力不强

教育主管部门一再强调翻译专业硕士的办学要与本校特色课程相结合。涉海类高校开设的特色课程一方面要考虑学生个体翻译兴趣的差异，另一方面还要考虑涉海特色课程开设的师资情况。虽然可以充分利用校本特色资源，但有些特色课程还存在由于师资困难而开设数量有限，继而造成涉海翻译硕士本地化服务能力不强的问题。

（四）涉海类高校翻译专业教师相对缺乏，解决翻译师资培训问题已迫在眉睫

由于涉海类高校教师中翻译专业方向的教师为数较少，翻译专业方向博士学位教师更是少之甚少。大多数教师的专业方向是语言文学方向，讲授翻译类课程有一定的难度，因此需要加强师资培训，尤其是急需参加翻译教指委和企业的培训。

（五）涉海类高校教师缺乏企业语言服务经验，讲授校本特色课程难度较大

对于跨语言、跨文化和跨领域的复合型语言服务人才的培养来说，极其重要的前提之一就是要培养拥有相应能力的师资。涉海高校的翻译硕士任课教师，多数没有涉海企业语言服务的工作经历，讲授校本特色涉海翻译课程有一定难度。因此，双师型教师的培养对涉海类高校是至关重要的。

（六）涉海高校特色翻译实训基地缺乏，涉海翻译硕士实践能力

提高受到制约

应用型涉海翻译人才的培养应该坚持"政产学研用"结合的双导师制人才培养模式。但目前在校企合作的领域内，供学生翻译实训的基地中有关涉海企业的基地不但数量有限，而且大多数是与翻译相关的企业，这在一定程度上制约了涉海翻译硕士在涉海领域内相应的实践能力的提高。

（七）涉海企业对涉海翻译硕士语言服务能力要求高，涉海翻译硕士生就业渠道受限

涉海企业不仅要求涉海翻译硕士具有较强的语言内能力，还需要具有涉海行业的跨领域知识及语言外能力，有些涉海翻译硕士因难以达到这种跨语言、跨文化和跨领域的复合型语言服务人才要求而离开涉海翻译行业，也有些毕业生因个人对涉海翻译不感兴趣而从事其他领域的翻译行业，因此出现涉海翻译硕士生就业渠道受限的问题。

二、涉海翻译人才培养存在问题的解决策略

针对上述涉海翻译人才培养的现状及存在的问题，笔者认为涉海翻译人才培养存在问题的解决策略如下：

（一）鼓励涉海的非语言专业学生报考涉海高校翻译硕士，促进生源多元化发展

语言服务是战略性跨界服务，需要跨语言、跨文化和跨领域的复合型人才。非语言专业学生中，中外双语水平较好的，如果报考翻译硕士专业，就可以充分发挥其本科阶段的专业特长，为其进入新领域学习提供极大的方便。因此，涉海高校应充分发挥生源优势，鼓励涉海的非语言专业学生，尤其是理工科学生，报考涉海翻译硕士专业，

以解决学生涉海等其他专业领域知识相对薄弱的问题。

（二）加强涉海翻译硕士专业课程体系建设，增加翻译技术类课程开设数量

为了解决涉海翻译硕士翻译技术运用能力不强的问题，涉海高校应加强涉海翻译硕士专业课程体系建设，增加翻译技术类课程的开设数量。计算机辅助翻译、计算机基础、机器翻译原理与应用、翻译项目管理、本地化技术、译后编辑、术语管理、技术文档写作、本地化排版等课程都应该列入人才培养方案的课程体系中，以提高涉海翻译硕士翻译技术的运用能力，满足云计算和大数据时代对涉海翻译人才的需要。

（三）细化涉海翻译硕士专业方向，科学设置涉海方向特色课程

涉海类高校应充分利用校本特色与优势，整合资源，细化涉海翻译硕士专业方向，科学设置涉海方向的特色课程。笔者所在的大连海洋大学不断完善人才培养方案，将专业方向凝练为海洋经贸笔译和海洋科技笔译两个方向。依托我校的办学特色，我们构建了3+1模块的涉海特色课程体系。课程设置充分体现了我校办学特色，开设了水产品国际贸易翻译、海洋经济翻译、海洋资源利用与管理、渔业翻译、海洋工程翻译等涉海课程，旨在培养"高层次、应用型、专业性"涉海翻译人才。

（四）坚持"外引"与"内培"相结合，不断提高教师的专业水平

针对翻译专业教师相对缺乏的问题，涉海高校应坚持"外引"与"内培"相结合，一方面加强翻译专业教师的引进工作，另一方面应加强师资投入，要求教师积极参加翻译师资培训，尤其是国家翻译教指委组织的师资培训。此外，还应为教师参加企业培训创造机会，不断提高教师的专业水平，为培养涉海翻译人才奠定坚实的师资基础。

（五）涉海高校应选派教师到涉海企业挂职锻炼，努力培养双师型教师

涉海高校的翻译硕士任课教师，多数没有涉海企业语言服务的工作经历，讲授校本特色涉海翻译课程有一定难度。对此，笔者认为，涉海高校应加强与涉海企业的校企合作，定期选派教师到企业挂职锻炼，既可以利用寒暑假，也可利用日常工作时间。挂职锻炼形式可与企业共同商讨而定，旨在培养建立双师型教师。

（六）加强涉海高校间的交流，实现涉海企业资源共享机制

应用型涉海翻译人才的培养应该坚持"政产学研用"结合的双导师制人才培养模式。但目前在校企合作的领域内，供学生开展翻译实训的基地中有关涉海企业的基地数量有限。对此，笔者认为，应加强涉海高校间的合作，建立涉海高校联盟。这样，可以充分利用各高校的合作企业资源，实现交叉融合，资源共享。建立涉海高校联盟还可以实现各涉海高校间的教学与科研的相互交流，形成涉海高校命运共同体，整体提高涉海翻译硕士在涉海领域内的实践能力。

（七）加强涉海高校与涉海企业之间的沟通，拓宽涉海翻译人才的就业渠道

涉海翻译人才因难以满足涉海企业需求或其他原因离开涉海语言服务行业的现象很常见。针对此问题，笔者认为，涉海高校应加强与涉海企业的沟通，在企业与学生双向选择的基础上，实行校企合作订单式培养，不断拓宽涉海翻译语言服务人才的就业渠道，让更多的毕业生愿意留在涉海行业，实现涉海翻译人才培养为行业服务，为区域海洋经济服务，为建设我国海洋强国服务。

第二章　涉海翻译人才语言服务能力体系构建

一、语言服务内涵界定

语言服务是来自西方的概念，过去一般是指语言翻译业，主要为翻译界所关注，而且大多是从产业角度着眼。皮耶卡里（Piekkari）论述了语言对于国际人力资源管理和公司结构、权利以及沟通的影响。亨德森（Henderson）从社会语言学角度分析了语言多样性对于跨国公司国际团队成员之间互动的影响。塔思（Tan）和卡特兰（Gartland）认为语言应该成为公司的战略，语言能力应该成为公司的资产。皮姆（Pym）、邓恩（Dunne）、克罗宁（Cronin）、德帕尔马（DePalma）等分别从翻译与本地化、全球化、语言服务的角度论述了数字化和全球化时代的翻译以及语言服务变迁和语言管理。近些年来，国内一些学者以新的眼光来审视语言服务问题，发表了自己的看法。屈哨兵对语言服务的属性、类型、内容等问题进行了系统研究，并且从产业角度提出其范围主要包括语言翻译产业、语言教育产业、语言知识性产品的开发、特定领域中的语言服务这四个主要方面。郭晓勇从行业角度指出语言服务的范围包括翻译与本地化服务、语言技术工具开发、语言教学与培训、语言相关咨询业务等。李现乐将语言服务分为宏观和微观两个层面:微观层面主要是指一方向另一方提供以语言为内容或以语言为主要工具手段的有偿或无偿,并使接收方从中获益的活动;宏观层面的语言服务是指国家或政府部门为保证所辖区域内的成员合理、有效地使用语言而做出的对语言资源的有效配置及规划、规范。根据《2016中国语言服务行业发展报告》,语言服务是指跨语言、跨文化信息转换服务和产品,以及相关研究咨询、技术研发、工具应用、资产管理、教育培训等专业化服务。

二、语言服务研究现状分析

在对语言服务界定的研究基础上,国内学者和协会也开始重视语言服务研究。李宇明指出推进"一带一路"建设,应重视语言规划,语言铺路。文秋芳认为国家语言能力涵盖"国家语言资源能力"和"国家话语能力"两个重要组成部分,应重视此领域的研究。赵世举认为,国家语言能力是指一个国家掌握利用语言资源、提供语言服务、处理语言问题、发展语言及相关事业等方面能力的总和。国家语言能力对于推动社会进步和文化传承、促进经济发展和科技创新、保障国家安全和国际化发展等都具有十分重要的作用。此外,赵世举、屈哨兵、黄友义、李瑞林、穆雷、王传英等学者对语言服务进行了不同层次、不同视角的研究,认为随着我国经济、文化、政治、科技等综合实力的发展,需要从国家层面推动语言行业的发展,包括语言规划、语言战略、语言服务和语言生活等多个方面整体协同发展。

国内外学者研究表明,我国在深化改革开放,实施"一带一路"倡议,推动企业国际化和文化走出去,促进对外交流和话语传播方面，语言服务具有巨大的社会需求，并且创造了积极的经济价值和社会效益。《2016中国语言服务行业发展报告》中指出：中国语言服务的未来发展需要一个新的"三走三跨"战略，即"走出去"——跨语言的服务，"走进去"——跨文化的服务，"走上去"——跨平台的服务。根据中国语言服务未来发展的战略要求，做好语言服务需要培养跨语言、跨文化、跨领域的具有较强语言服务能力的复合型翻译人才。

三、构建涉海翻译人才语言服务能力体系

涉海领域翻译人才的语言服务能力将影响我省海洋经济发展的速度和质量，本文在国内外学者对语言服务研究的基础上，构建了涉海翻译人才语言服务能力体系（见下图），旨在提高涉海翻译人才的语言服务能力，培养能满足语言服务行业需求的跨语言、跨文化、跨领域的具有较强语言服务能力的复合型涉海翻译人才，以满足新时代背景下我省海洋经济发展的需要。

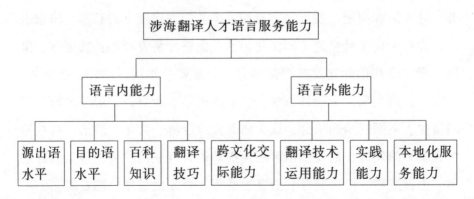

涉海翻译人才语言服务能力包括语言内能力和语言外能力。语言内能力包括源出语水平、目的语水平、百科知识、翻译技巧等要素，

语言外能力包括跨文化交际能力、翻译技术运用能力、实践能力、本地化服务能力等要素。翻译是源出语和目的语之间的相互转换的过程。源出语是指可以引导出另一种语言的语言,在翻译中是指原著作者在原文本中所使用的语言。目的语是指由源码编译或汇编所得的语言,在翻译中是指译者在译文中所使用的语言。如英译汉,则源出语是英语,目的语则是汉语。译者的源出语水平和目的语水平是决定翻译质量的重要因素,也是语言内能力的必要组成部分。此外,百科知识和翻译技巧也是语言内能力的重要组成部分。百科知识是指译者所掌握跨学科的知识及常识知识。广义的翻译技巧是指译者所掌握的翻译理论、翻译策略等提升翻译质量的技巧能力。丰富的百科知识和娴熟的翻译技巧对提升翻译质量也有着重要的作用。单纯的语言内能力已无法满足新时代背景下海洋经济发展的需要,涉海翻译人才还需要具有语言外能力。跨文化交际能力属于语言外能力,是指在跨文化语境中,交际者得体的交际行为能力。语言是思维的工具,也是文化交流的手段,翻译归根结底是"跨文化的交际活动",因此译者的跨文化交际能力是语言外能力的重要组成部分,对提升语言服务能力起着重要作用。此外,随着科技的进步与发展,翻译技术手段对提升语言服务能力的作用越来越大,如机器翻译、计算机辅助翻译技术在语言服务领域应用更加广泛,对提升语言服务质量起着不可忽视的作用。实践能力是翻译领域语言服务人才必须具备的能力,是应用型人才培养的关键。涉海翻译人才要更好地为区域经济服务,还需具备本地化服务能力。由此可见,单纯的语言内能力已无法满足新时代背景下海洋经济发展的需要,涉海翻译人才必须具备语言内能力和语言外能力,才能满足服务辽宁省海洋经济发展的需要。

第三章 涉海翻译人才语言服务能力培养路径

大连海洋大学是我国北方地区唯一的一所以海洋和水产学科为特色的多学科高等院校，肩负着培养涉海翻译人才语言服务能力的重任。笔者认为，涉海翻译人才语言服务能力培养的路径如下：

一、精准定位培养目标，突显人才培养特色

为了满足社会对涉海翻译人才的需求，我们秉承"以社会需求为导向"的理念，进一步完善了高层次人才培养方案，突出培养实践翻译技能和创新能力，培养目标定位准确。目标定位：培养德、智、体、美全面发展，能适应全球经济一体化及提高国家国际竞争力的需要，适应国家经济、文化、社会建设的需要，能够在不同领域，尤其在海洋经贸领域从事翻译、贸易、管理、教育等工作，能为区域经济服务，为行业服务的高层次、应用型、专业化英日语笔译人才。同时，进一步凝练了学科方向，将原来的语言文学和科技英语两个方向凝练为海洋经贸笔译和海洋科技笔译两个方向，突显了海洋经贸及海洋科技领域行业英语的翻译特色。

二、构建"三位一体"人才培养模式，注重培养学生翻译实践能力

为了实现培养高层次、应用型、专业化翻译人才的培养目标，我们坚持"政产学研用"结合，构建并实施了"理论学习、社会实践、专题研究"三位一体双导师制人才培养模式。理论学习注重对翻译理论、翻译技巧等知识传授、技能提升和综合素质的培养，专题研究以课程为中心开展，社会实践通过翻译实践来实现，注重培养学生翻译实践能力。双导师制是指专任教师为理论指导教师，聘请与我校合作的企业或研究机构中有实际工作经验和研究水平的资深译员或专业人员担任校外实践指导教师，组成了协作指导的导师团，提升了对翻译硕士的指导能力。学校每年遴选一定数量的符合条件的校内外导师，并按导师管理办法对导师进行统一管理。

三、设置 3+1 涉海特色课程体系，培养学生语言服务能力

根据人才培养模式，我们与企业共同制定培养方案。并在培养方案中设置海洋经贸笔译和海洋科技笔译两个研究方向。在课程设计方面，为响应社会行业发展需求，将应用能力和职业能力培养融入课程体系，体现了"政产学研用"结合，"理论学习、社会实践、专题研究"三位一体的双导师制培养模式。该课程设计既突出了学校人才培养定位及特色优势，又充分体现了涉海专业领域对涉海翻译人才的社会需求。依托我校的办学特色，我们构建了3+1模块（核心、拓展、实践和个性化模块）的涉海特色课程体系。该体系包括必修课（核心、拓展、实践模块）和选修课（个性化模块）。核心模块包括公共

学位和专业学位课，拓展模块包括学术素养课，实践模块包括职业能力课，个性化模块包括公共选修课和专业选修课。在课程设置上既符合教指委要求，设置了 MTI 教指委指导性培养方案中所规定的学位专业课，也充分体现了我校办学特色，开设了水产品国际贸易翻译、海洋经济翻译、海洋资源利用与管理、渔业翻译、海洋工程翻译等涉海特色课程。此外，我们还强调，实践环节必须通过职业能力课程和专业实习完成，专业实习不能利用课程学分替代，旨在培养"高层次、应用型、专业性"涉海翻译人才。3+1 涉海特色课程体系的设置，提高了学生语言服务能力。

四、深化校企合作，加强专业实习，提高学生实践能力

我校翻译的特色是涉海英日语翻译。依托学校办学特色，我们已经与大连海洋渔业集团公司、大连医诺生物有限公司等多家涉海企业一起建立了稳定的实习基地，实施校企联合培养。专业实习可依托联合培养基地，选派研究生参加现场专业实践；也可由校外导师负责安排相应的专业实践环节；还可结合就业去向，学生自行联系实践单位。要求学生按时完成翻译实践任务，至少完成 15 万字的笔译实践。应届考取研究生的专业实习时间原则上不少于 1 年。实习结束后，学生需将企业实习鉴定交给学校，作为完成实习的证明，方可获得实习学分。校企合作的深化，既充分利用了校外资源，又对提高学生实践能力起到了重要的作用。

五、扩大翻译技术的应用，提高学生翻译技术运用能力

"在人工智能时代，语言服务产业正朝着技术化、智能化的方向

发展。"为了适应智能时代发展的需要，我们在培养方案中设置了翻译及本地化管理、计算机辅助翻译等与行业密切相关的翻译技术课程，"翻译技术课程强调培养学生对于翻译技术的实际操作和应用能力"，这些课程与创新创业实践课相辅相成，可满足我校应用型翻译人才培养需求。我们与已合作的企业合作，实施了线上实习实训活动。此外，我们还邀请企业专家到校做关于翻译技术应用方面的讲座或授课，提高了学生翻译技术的运用能力。

六、发挥第二课堂作用，提高学生语言服务能力

专业学位研究生的实践能力培养是教学工作的重中之重，为了提高学生的翻译实践能力，我们在学生在校期间组织了大量的实践活动，注重对学生翻译实践能力和创新能力的培养。同时，鼓励学生在导师的指导下，认真撰写并发表论文，积极参加创新创业大赛、翻译竞赛、涉海类高校研究生学术论坛、世界海洋大会等形式多样的社会实践活动，并组织 2017 届全体学生参加了第七届 DNA 和基因组活动周，承担了开幕式会场指引翻译及洽谈会的语言服务工作。组织的第二课堂的社会实践活动，为学生提供了翻译实践的机会，提升了学生的语言服务能力。

七、加强高校教师、企业专家双向流动，努力培养双师型教师

为了加强师资队伍建设，我校加强与语言服务企业的合作，为翻译专业教师去企业挂职培训搭建平台，努力培养双师型教师。同时也凭借这种合作关系，邀请企业专家进校讲课或做讲座。教师通过去企

业挂职，可以了解最真实的翻译需求，熟悉翻译项目如何运作，避免课程内容和教学方式与实际的市场需求脱节；而从翻译专业教师本身的角度来说，深入翻译企业，可以获得更明确的科研方向，真正实现理论与实践相结合。企业专家进课堂讲课或做讲座，受惠的既有翻译专业教师，也有众多的翻译专业学生。

案例1：英语笔译培养方案

英语笔译

学科门类：外国语言文学

专业学位类别：翻译　代码：0551

领域：英语笔译　代码：055101

一、领域简介

英语笔译领域依托我校办学特色，秉承水产贸易英语复合型、应用型本科人才的培养原则，开展海洋经济背景下的翻译研究，特别针对海洋经贸及海洋科技专门用途英语进行翻译理论、翻译实践和翻译技巧方面的分析和研究，与我校海洋科学、海洋经济、海洋水产、海洋文化等涉海领域研究形成交叉、互补，突显海洋经贸及海洋科技领域行业英语的翻译特色。人才培养突出了服务于海洋经济和海洋产业的原则，更加强调与海洋产业相关的经济贸易外语。

二、培养目标和要求

（一）培养目标

本领域主要培养崇德尚学，爱国敬业，具备扎实的语言文学基础，系统掌握英语笔译等方面的专业理论和专业技能，具有较强创新意识和进取精神，具备科学思维和国际化视野，能够在英语笔译领域从事科学研究、人才培养及管理等方面工作的高素质的复合型、应用型高层次人才。

（二）培养要求

1.具有浓厚的海洋意识、海洋情怀及强烈的责任担当、贡献社会的精神，能够成为国家海洋事业发展的开拓者和领导者。

2.掌握广博的人文社会科学基础知识，具有较高的科学精神和人文素养。

3.掌握宽厚的英语笔译基本知识、基本理论，了解英语笔译理论前沿、应用前景和最新发展动态。

4.系统掌握英语笔译领域扎实的专业技能，能够以系统思维的方法解决行业存在的实际问题。

5.熟练掌握英语笔译领域的科学研究方法和技能，具备敏锐的观察力，具备较强的逻辑分析能力、创新意识及从事科学研究的能力。

三、培养方式

1.采用课程学习、专业实践和学位论文相结合的培养方式。

2.采用全日制和非全日制两种学习方式。坚持全日制和非全日制研究生教育同一标准，保证同等质量。

3.实行双导师制。实行校内、校外双导师制；校内、校外导师均应具有丰富的实践经验并有高级技术职称。

四、基本学制、学习年限

全日制硕士学位研究生：基本学制为 2.5 年，如因特殊原因不能按期毕业，可适当延长修学年限，延长时间不超过 2 年。

非全日制硕士学位研究生：基本学制为 3 年，最长不超过 5 年。

五、研究方向

序号	研究方向名称	主要研究内容
1	海洋经贸笔译	在具备一名合格的笔译译员基本素质的基础上，对海洋经贸领域的文本类型及特征有着较为系统的理解，熟悉海洋经贸类文本的基本笔译理论和原则，掌握海洋经贸类文本的笔译策略和技巧，具备较强的海洋经贸类文本笔译的能力。
2	海洋科技笔译	在具备一名合格的笔译译员基本素质的基础上，对海洋科技领域的文本类型及特征有着较为系统的理解，熟悉海洋科技类文本的基本笔译理论和原则，掌握海洋科技类文本的笔译策略和技巧，具备较强的海洋科技类文本笔译的能力。

六、课程设置和学分要求

课程模块、修读要求	课程类别总学分	课程编号	课程名称	学分	学时	开课学期	考核方式	开课学院
核心模块（必修）	公共学位课（5学分）	001001	中国特色社会主义理论与实践	2	36	1	考试	马克思主义学院
		013002	中国语言文化	3	48	1	考试	外国语与国际教育学院
	专业学位课（14学分）	102202	翻译概论	2	32	1	考试	外国语与国际教育学院
		102201	笔译理论与技巧	2	32	1	考试	外国语与国际教育学院
		102204	口译理论与技巧	2	32	1	考试	外国语与国际教育学院

续表

课程模块、修读要求	课程类别总学分	课程编号	课程名称	学分	学时	开课学期	考核方式	开课学院
核心模块（必修）	专业学位课（14学分）	102203	英汉翻译	2	32	1	考试	外国语与国际教育学院
		102205	应用翻译	2	32	1	考试	外国语与国际教育学院
		102206	汉英翻译	2	32	1	考试	外国语与国际教育学院
		102207	文学翻译	2	32	2	考试	外国语与国际教育学院
拓展模块（必修）	学术素养（2学分）	200001	文献阅读与论文写作	1	16	1	考查	水产与生命学院
		200002	学术规范	1				

总学分不低于42学分，包括课程学分和实践学分，其中课程学分不低于34学分（必修21学分、选修不低于13学分），实践学分8学分。具体课程设置与学分分布如下表所示：

课程模块、修读要求	课程类别总学分	课程编号	课程名称	学分	学时	开课学期	考核方式	开课学院	备注
实践模块（必修）	职业能力（8学分）	300001	思想政治与道德修养	2					
		300002	实践与创新创业	6					
个性化模块（必修）	任选课程（至少13学分） 公共选修课（至少3学分）	401001	自然辩证法	1	18	2	考查	马克思主义学院	二选一
		401002	马克思主义与社会科学方法论	1	18	2	考查	马克思主义学院	
		402203	第二外语BⅠ（日语）	2	32	1	考查	外国语与国际教育学院	限选
		402206	第二外语BⅡ（日语）	2	32	2	考查	外国语与国际教育学院	

课程模块、修读要求	课程类别总学分		课程编号	课程名称	学分	学时	开课学期	考核方式	开课学院	备注
个性化模块（必修）	任选课程（至少13学分）	专业选修课（至少10学分）	402211	海洋经济翻译	2	32	2	考查	外国语与国际教育学院	海洋经贸方向限选
			402215	水产品国际贸易翻译	2	32	2	考查	外国语与国际教育学院	海洋经贸方向限选
			402214	商务翻译	2	32	2	考查	外国语与国际教育学院	海洋经贸方向限选
			402212	海洋科技翻译	2	32	2	考查	外国语与国际教育学院	海洋科技方向限选
			402210	海洋工程英语翻译	2	32	2	考查	外国语与国际教育学院	海洋科技方向限选
			402220	渔业英语翻译	2	32	2	考查	外国语与国际教育学院	海洋科技方向限选
			402205	英汉对比与翻译	2	32	1	考查	外国语与国际教育学院	

续表

课程模块、修读要求	课程类别 总学分	课程编号	课程名称	学分	学时	开课学期	考核方式	开课学院	备注
选课	专业选修课（至少10学分）	404202	海洋资源利用与管理	2	32	1	考查	海洋科技与环境学院	
		402204	计算机辅助翻译	2	32	1	考查	外国语与国际教育学院	
		402202	传媒翻译	2	32	1	考查	外国语与国际教育学院	
		402201	笔译实务	2	32	1	考查	外国语与国际教育学院	
		402207	法律翻译	2	32	2	考查	外国语与国际教育学院	
		402208	翻译及本地化管理	2	32	2	考查	外国语与国际教育学院	
		402218	英语语言与文化	2	32	2	考查	外国语与国际教育学院	
		402216	文体与翻译	2	32	2	考查	外国语与国际教育学院	
		402209	国际会议笔译	2	32	2	考查	外国语与国际教育学院	
		410206	海洋产业经济	2	32	2	考查	经济管理学院	
		402213	海洋文学翻译赏析	2	32	2	考查	外国语与国际教育学院	
		402219	影视翻译	2	32	2	考查	外国语与国际教育学院	
		402217	英语笔译案例分析与研讨	2	32	2	考查	外国语与国际教育学院	
	补修课程		跨一级学科或以同等学力考入的硕士研究生，或在本门学科欠缺本科层次业务基础的硕士研究生，应在导师指导下补修有关课程。补修课程和时间参照相近专业本科生培养计划。						不计入总学分

七、实践环节

实践环节通过职业能力课程和专业实习完成。职业能力课程是为了保障和提高研究生运用系统学科知识解决科研、实践问题的能力而设置的必修课程和环节，包括思想政治与道德修养、实践与创新创业两个环节，共计 8 学分，其中思想政治与道德修养 2 学分，实践与创新创业 6 学分。专业实习是指为培养专业学位研究生的专业实践能力，提高翻译技巧而设立的重要环节，共计 8 学分。专业学位研究生在学习期间，必须保证不少于半年的专业实习时间，其中应届考取研究生的专业实习时间原则上不少于 1 年。实习结束后，学生需将实习鉴定交给学校，作为完成实习的证明。实习不能用课程学分替代。

专业实习与职业能力培训根据实际情况可通过以下几种方式开展：1.依托研究生联合培养基地、专业实践基地或校企合作平台，选派研究生参加现场专业实践；2.由校内导师结合自身所承担的科研课题，安排研究生专业实践；3.由校外导师负责安排相应的专业实践环节；4.在导师任课并负责监管的前提下，结合就业去向，研究生自行联系实践单位。

八、培养环节

培养环节	要求	时间安排
1. 制定个人学习计划	按相应规定执行	课程学习计划：入学 1 个月内
2. 学位论文开题	按相应规定执行	全日制第 3 学期
		非全日制学位论文答辩前 1 年
3. 中期考核	按相应规定执行	全日制第 4 学期
		非全日制无中期考核
4. 学术水平和职业能力要求	不低于《大连海洋大学硕士专业学位授予工作实施细则》（大海大校发〔2017〕128 号）对专业学位研究生学术水平的要求。	

九、学位论文

学位论文写作时间一般为一个学年。学位论文可以采用以下任何一种形式：

1. 翻译实习报告：学生在导师指导下参加笔译实习，并就实习过程写出不少于 1.5 万字的实习报告。

2. 翻译实践报告：学生在导师指导下选择中文或外文的文本进行原创性翻译，原文及译文字数不少于 1 万字，并就翻译过程写出不少于 1 万字的实践报告。

3. 翻译实验报告：学生在导师指导下就笔译的某个环节展开实验，并就实验结果进行分析，写出不少于 1.5 万字的实验报告。

4. 翻译调研报告：学生在导师指导下对翻译政策、翻译产业和翻译现象等翻译相关问题展开调研与分析，并写出不少于 1.5 万字的调研报告。

5. 翻译研究论文：学生在导师指导下就翻译的某个问题进行研究，并写出不少于 1.5 万字的研究论文。

无论采用上述任何形式，学位论文必须将理论与实践相结合，行文格式符合学术规范。学位论文采用匿名评审制。学位论文必须经过至少两位论文评阅人评审通过后方能进入答辩程序。

学位论文采用匿名评审，论文评阅人中至少有一位是校外专家。答辩委员会成员中必须有一位成员具有丰富的笔译实践经验且具有高级专业技术职称。

十、学位授予

完成课程学习，实践取得规定学分，通过培养环节考核、学位论文答辩者，经校学位评定委员会审议通过，授予翻译硕士学位，同时颁发硕士研究生毕业证书。

十一、参考书目

（一）学术期刊

《中国翻译》《上海翻译》《中国科技翻译》《外语与翻译》

（二）著作

1. 谭载喜.翻译学［M］.武汉：湖北教育出版社，2005.

2. 刘军平.西方翻译理论通史［M］.武汉:武汉大学出版社,2012.

3. 谢天振.当代国外翻译理论［M］.天津：南开大学出版社,2012.

4. 谢天振.中外翻译简史［M］.北京:外语教学与研究出版社,2009.

5. 谭载喜.西方翻译简史［M］.北京:商务印书馆,2008.

6. 穆雷.翻译研究方法概论［M］.北京:外语教学与研究出版社,2011.

7. 马会娟.汉译英翻译能力研究［M］.北京:北京师范大学出版社,2013.

8. 秦洪武,王克非.英汉比较与翻译［M］.北京:外语教学与研究出版社,2010.

9. 傅勇林,等.科技翻译［M］.北京:外语教学与研究出版社,2012.

10. 翻译者手册:第6版［M］.马萧,熊霄,译.武汉:武汉大学出版社,2009.

11. 苗菊.翻译教学与翻译能力发展［M］.天津:天津人民出版社,2006.

12. 崔启亮.翻译项目管理［M］.北京:外文出版社,2016.

13. 王华树.翻译技术实践［M］.北京:外文出版社,2016.

14. 王华树.计算机辅助翻译实践［M］.北京:国防工业出版社,2015.

15. 何三宁等.汉英语言对比与翻译［M］.北京:中央编译出版社,2015.

16. 吴健,等.汉英科技翻译教程［M］.南京:南京大学出版社,2014.

案例2：日语笔译培养方案

日语笔译

学科门类：外国语言文学

专业学位类别：翻译　　　　代码：0551

领域：日语笔译　　　　　　代码：055102

一、领域简介

本领域依托我校办学特色，秉承水产贸易日语复合型、应用型本科人才的培养经验，开展海洋经济背景下的翻译研究，特别针对海洋经贸文化及海洋科技专门用途日语开展翻译理论、翻译实践和翻译技巧方面的分析和研究，与我校海洋科学、海洋经济、海洋水产、海洋文化等涉海领域研究形成交叉、互补，突显海洋经贸文化及海洋科技领域行业日语的翻译特色。人才培养突出了服务于海洋经济和海洋产业，更加强调与海洋产业相关的经济贸易日语。

二、培养目标和要求

（一）培养目标

本领域主要培养德、智、体、美全面发展，能适应全球经济一体化及提高国家国际竞争力的需要，适应国家经济、文化、社会建设的需要，能够在不同领域，尤其在海洋经贸领域从事翻译、贸易、管理、教育等工作，能为区域经济服务，能为行业服务的高层次、应用型、专业化日语笔译人才。

（二）培养要求

本领域培养的研究生应达到以下要求：

1.拥有健康的体魄和良好的心理素质。

2.具有较强的事业心、团结协作精神、创新意识和创业能力。

3.具有宽广的人文视野和良好的职业素养。

4.具有扎实的日汉双语基础知识和丰富的百科知识。

5.具有较强的日汉双语互译能力和翻译项目的设计、组织、管理及评价能力。

6.具有运用语料库和翻译软件进行计算机辅助翻译的综合能力。

三、培养方式

1.实行学分制。学生必须参加规定课程的考试，成绩合格后方能取得该门课程的学分；修满规定的学分方能撰写学位论文；完成专业实习并通过学位论文答辩方能申请硕士学位。

2.采用实践研讨式、职场模拟式教学。口译课程运用现代化电子信息技术，如多媒体教室等设备开展；笔译课程采用项目式授课，将职业翻译工作内容引入课堂，运用笔译实验室或计算机辅助翻译实验室，加强翻译技能训练的真实感和实用性；聘请有实践经验的高级译员为学生上课或开设讲座。

3.重视实践环节。强调翻译实践能力的培养和翻译案例的分析，翻译实践贯穿教学全过程，要求学生在学期间至少有 15 万字（字数均以汉字计算）的笔译实践。

4.成立导师组，发挥集体培养的作用。导师组以具有硕士研究生导师资格的正、副教授为主，并吸收企事业部门具有高级专业技术职务的译员参加；实行学校教师与有实际工作经验和研究水平的资深译员或专业人员共同指导研究生的双导师制。

四、基本学制、学习年限

全日制：基本学制为 2.5 年，如因特殊原因不能按期毕业，可适当延长修学年限，延长时间不超过 2 年。

非全日制：基本学制为 3 年，如因特殊原因不能按期毕业，可适当延长修学年限，延长时间不超过 5 年。

五、研究方向

序号	研究方向名称	主要研究内容、特色和优势
1	海洋经贸笔译	在具备一名合格的笔译译员的基本素质的基础上，对海洋经贸领域的文本类型及特征有着较为系统的理解，熟悉海洋经贸类文本的基本笔译理论和原则，掌握海洋经贸类文本的笔译策略和技巧，具备较强的海洋经贸类文本笔译的能力。
2	海洋科技笔译	在具备一名合格的笔译译员的基本素质的基础上，对海洋科技领域的文本类型及特征有着较为系统的理解，熟悉海洋科技类文本的基本笔译理论和原则，掌握海洋科技类文本的笔译策略和技巧，具备较强的海洋科技类文本笔译的能力。

六、课程设置和学分要求

总学分不低于 42 学分，包括课程学分和实践学分，其中课程学分不低于 34 学分（必修 21 学分、选修不低于 13 学分），实践学分 8 学分。具体课程设置与学分分布如下表所示：

课程模块修读要求	课程类别总学分	课程名称	学分	学时	开课学期	考核方式	开课学院	备注
核心模块（必修）	公共学位课（5学分）	中国特色社会主义理论与实践	2	36	1	考试	马克思主义学院	
		中国语言文化	3	48	1	考试	外国语与国际教育学院	

课程模块、修读要求	课程类别总学分	课程名称	学分	学时	开课学期	考核方式	开课学院	备注
核心模块（必修）	公共学位课（5学分）	翻译概论	2	32	1	考试	外国语与国际教育学院	
		笔译理论与技巧	2	32	1	考试	外国语与国际教育学院	
	专业学位课（14学分）	口译理论与技巧	2	32	1	考试	外国语与国际教育学院	
		高级日汉翻译	2	32	1	考试	外国语与国际教育学院	
		高级汉日翻译	2	32	2	考试	外国语与国际教育学院	
		应用翻译	2	32	1	考试	外国语与国际教育学院	
		文学翻译	2	32	2	考试	外国语与国际教育学院	
拓展模块（必修）	学术素养（2学分）	文献阅读与综述	1					
		学术规范与论文写作	1					
实践模块（必修）	职业能力（8学分）	思想政治与道德修养	2					
		实践与创新创业	6					

续表

课程模块、修读要求	课程类别总学分	课程名称	学分	学时	开课学期	考核方式	开课学院	备注
个性化模块(必修)	任选课程(至少13学分)	自然辩证法	1	18	2	考查	马克思主义学院	二选一
		马克思主义与社会科学方法论	1	18	2	考查	马克思主义学院	
		第二外语BⅠ(英语)	2	32	1	考查	外国语与国际教育学院	限选
		第二外语BⅡ(英语)	2	32	2	考查	外国语与国际教育学院	
		海洋经济翻译	2	32	2	考查	外国语与国际教育学院	海洋经贸方向限选
		水产品国际贸易翻译	2	32	2	考查	外国语与国际教育学院	海洋经贸方向限选
		商务翻译	2	32	2	考查	外国语与国际教育学院	海洋经贸方向限选
		海洋科技翻译	2	32	2	考查	外国语与国际教育学院	海洋科技方向限选
		海洋工程日语翻译	2	32	2	考查	外国语与国际教育学院	海洋科技方向限选
		渔业日语翻译	2	32	2	考查	外国语与国际教育学院	海洋科技方向限选
		日汉对比与翻译	2	32	1	考查	外国语与国际教育学院	
		日语语言与文化	2	32	2	考查	外国语与国际教育学院	
		文体与翻译	2	32	2	考查	外国语与国际教育学院	

续表

课程模块/修读要求	课程类别	课程名称	学分	学时	开课学期	考核方式	开课学院	备注
个性化模块/必修	任选课程（至少13学分）	海洋资源利用与管理	2	32	1	考查	海洋科技与环境学院	
		海洋产业经济	2	32	2	考查	经济管理学院	
		法律翻译	2	32	2	考查	外国语与国际教育学院	
		翻译及本地化管理	2	32	2	考查	外国语与国际教育学院	
		计算机辅助翻译	2	32	1	考查	外国语与国际教育学院	
		传媒翻译	2	32	1	考查	外国语与国际教育学院	
		国际会议笔译	2	32	2	考查	外国语与国际教育学院	
		笔译实务	2	32	1	考查	外国语与国际教育学院	
		海洋文学翻译赏析	2	32	2	考查	外国语与国际教育学院	
		影视翻译	2	32	2	考查	外国语与国际教育学院	
		日语笔译案例分析与研讨	2	32	2	考查	外国语与国际教育学院	

七、实践环节

实践环节通过职业能力课程和专业实习完成。职业能力课程是为了保障和提高研究生运用系统学科知识解决科研、实践问题的能力而设置的必修课程和环节，包括思想政治与道德修养、实践与创新创业两个环节，共计7学分，其中思想政治与道德修养1学分，实践与创新创业 6 学分。专业实习是指为培养专业学位研究生的专业实践能力，提高翻译技巧而设立的重要环节，共计 8 学分。专业学位研究生在学习期间，必须保证不少于半年的专业实习时间，其中应届考取研究生的专业实习时间原则上不少于 1 年。实习结束后，学生需将实习鉴定交给学校，作为完成实习的证明。实习不能用课程学分替代。

专业实习与职业能力培训根据实际情况可通过以下几种方式开展：1. 依托研究生联合培养基地、专业实践基地或校企合作平台，选派研究生参加现场专业实践；2. 由校内导师结合自身所承担的科研课题，安排研究生专业实践；3. 由校外导师负责安排相应的专业实践环节；4. 在导师任课并负责监管的前提下，结合就业去向，研究生自行联系实践单位。

八、培养环节

培养环节	要求	时间安排
1. 制定个人培养计划	按相应规定执行	课程学习计划：入学 1 个月内
2. 学位论文开题	按相应规定执行	全日制第 2 学期 非全日制学位论文答辩前 1 年
3. 中期考核	按相应规定执行	全日制第 3 学期 非全日制无中期考核
4. 学术水平要求	不低于《大连海洋大学硕士专业学位授予工作实施细则》（大海大校发〔2017〕128 号）对专业学位研究生学术水平的要求。	

九、学位论文

学位论文写作时间一般为一个学年。学位论文可以采用以下任何一种形式：

1. 翻译实习报告：学生在导师的指导下参加笔译实习，并就实习的过程写出不少于 1.5 万字的实习报告。

2. 翻译实践报告：学生在导师的指导下选择中文或外文的文本进行原创性翻译，原文及译文字数不少于 1 万字，并就翻译的过程写出不少于 1 万字的实践报告。

3. 翻译实验报告：学生在导师的指导下就笔译的某个环节展开实验，并就实验结果进行分析，写出不少于 1.5 万字的实验报告。

4. 翻译调研报告：学生在导师的指导下对翻译政策、翻译产业和翻译现象等翻译相关的问题展开调研与分析，并写出不少于 1.5 万字的调研报告。

5. 翻译研究论文：学生在导师的指导下就翻译的某个问题进行研究，并写出不少于 1.5 万字的研究论文。

无论采用上述任何形式，学位论文必须将理论与实践相结合，行文格式符合学术规范。学位论文采用匿名评审制。学位论文必须经过至少两位论文评阅人评审通过后方能进入答辩程序。

学位论文采用匿名评审，论文评阅人中至少有一位校外专家。答辩委员会成员中必须有一位成员具有丰富的笔译实践经验且具有高级专业技术职称。

十、学位授予

完成课程学习，实践取得规定学分，通过培养环节考核，并通过学位论文答辩者，经校学位评定委员会审议通过，授予翻译硕士学位，同时颁发硕士研究生毕业证书。

十一、参考书目及重要期刊

（一）学术期刊

《中国翻译》《上海翻译》《中国科技翻译》《外语与翻译》《日语学习与研究》

（二）著作

1. 邱鸣,杨玲.日语翻译教学理论与模式研究[M].北京:中国传媒大学出版社,2015.

2. 谭载喜.翻译学[M].武汉:湖北教育出版社,2005.

3. 刘军平.西方翻译理论通史[M].武汉:武汉大学出版社,2012.

4. 谢天振.当代国外翻译理论[M].天津:南开大学出版社,2012.

5. 谢天振.中外翻译简史[M].北京:外语教学与研究出版社,2009.

6. 谭载喜.西方翻译简史[M].北京:商务印书馆,2008.

7. 穆雷.翻译研究方法概论[M].北京:外语教学与研究出版社,2011.

8. 傅勇林,等.科技翻译[M].北京:外语教学与研究出版社,2012.

9. 翻译者手册:第6版[M].马萧,熊霄,译.武汉:武汉大学出版社,2009.

10. 苗菊.翻译教学与翻译能力发展[M].天津:天津人民出版社,2006.

11. 崔启亮.翻译项目管理[M].北京:外文出版社,2016.

12. 王华树.翻译技术实践[M].北京:外文出版社,2016.

13. 王华树.计算机辅助翻译实践[M].北京:国防工业出版社,2015.

14. 武暐次郎.中日日中翻訳必携[M].东京:日本侨报社,2007.

案例3：英语笔译翻译硕士专业学位授予标准

英语笔译领域翻译硕士专业学位授予标准

一、获得本专业学位应具备的基本素质

1. 学术道德

掌握马克思主义、毛泽东思想和邓小平理论，坚持党的基本路线，热爱祖国、遵纪守法，品德高尚、学风严谨，诚实守信、身心健康，具有较强的事业心。在学术活动中坚持独立探索、严谨求实的科学精神。在翻译实践中，恪守翻译标准和规范，坚持职业译员的道德操守，确保译文的产出质量和传播功能。在撰写学术论文或研究报告时，尊重知识产权，尊重他人的研究成果；引用他人研究成果要如实标明出处，从他人作品转引第三人成果时，要如实注明转引出处，自觉杜绝学术抄袭和学术造假。

2. 专业素质（素养）

要求具备良好的语言素养、人文素养、跨文化交际素养和百科知识素养，以及创新创业能力。

3. 职业精神

要求遵守科学诚信的职业道德，在翻译活动中尊重原作的知识产权，在译文中注明原文的出处和版权所有人；保守翻译工作中所涉及的个人隐私和商业机密；不承担超过个人能力的笔译任务，具有较强的抗压能力和团队协作精神。

二、获得本专业学位应掌握的基本知识

1. 基础知识

要求掌握的基础知识包括语言知识、翻译知识、百科知识、信息技术知识。

语言知识：母语和英语的语言知识、母语和英语的文学文化知识、母语和英语不同文体和语域的写作知识，比较语言学知识，跨文化交际知识等。

翻译知识：翻译的概论和理论，翻译实践的要求和方法，语言服务产业的运作机制和行业标准与规范。

百科知识：母语和英语国家的政治、经济、文化、社会、地理、历史、文学、科技等领域的知识，相关行业翻译活动所需的相关专业知识等。

信息技术知识：用于语言服务行业的信息技术知识包括机器翻译、计算机辅助翻译、语言文字识别、信息检索、文本转换、术语管理等。

2. 专业知识

要求掌握的专业知识包括翻译理论和实践知识，语言服务产业的相关专业知识，与所翻译内容相关的专业知识。

翻译理论和实践知识：翻译学的基本概念和主要理论流派，翻译史，翻译过程中语言的转换，翻译质量控制，翻译实践的形式和要求。

语言服务产业的相关专业知识：翻译职业化的发展历程、未来趋势及影响因素，语言服务产业的运作机制和职业价值观。

与所翻译内容相关的专业知识：一般翻译活动经常涉及的相关行业领域知识，如政治、外交、经济、社会、文化、财经、法律、科技等；与海洋经贸和海洋科技领域翻译所需的相关知识。

三、获得本专业学位应接受的实践训练

翻译是一门实践性很强的专业。翻译硕士生的教学要与翻译实践活动紧密结合。课外学习与实践是课堂教学的延伸与扩展，是培养和发展学生翻译能力的重要途径，应在教师的指导下有目的、有计划、有组织地进行。翻译硕士生的实践训练应包含以下几个部分：

1. 实践教学

翻译硕士专业学位教育的课程学分应有不低于70%的学分来自实践或实训课程，包括以大量翻译技能训练和翻译案例分析的笔译实践课程，突出翻译实践能力的培养。作为课堂教学的一部分，学生应在教师的组织下，在语言实验室和计算机辅助翻译实验室等场所开展笔译的实践学习，并由教师进行评估；要求学生在学期间至少有15万字的笔译实践。实践教学方式如下：

（1）案例教学——作为课堂教学的一部分，教师采用案例教学法，使学生在教师的组织下应用所学的理论针对具体的案例开展笔译实践，旨在提高学生翻译实践能力。教师也可采用项目翻译的方式授课，即学科承接各类文本的翻译任务，学生课后翻译，教师在课堂上讲评，加强对学生翻译技能的训练。

（2）模拟教学——在语言实验室和计算机辅助翻译实验室等场所开展笔译的仿真模拟训练，并由教师进行评估，计入实践教学成绩，以提高学生翻译的实战能力。

（3）实践专家授课——实行"理论学习、社会实践、专题研究"三位一体的校企联合培养模式，聘请有实践经验的高级译员或客座教授为学生授课或开设讲座，通过翻译工作坊开展实践训练，旨在提高学生翻译实践能力，丰富学生的企业文化知识，以满足企业对人才的需求，缩短学生未来从事相关职业的磨合期。

2. 专业实践

专业实践是翻译硕士专业学位教育的必要环节，需结合具体的培养目标精心组织，在符合资质要求的政府部门或企事业单位开展。可在校外实习基地或其他实习场所完成。

（1）实践内容：专业实习包括认知实习和岗位学习。翻译硕士笔译专业的学生应有不少于 15 万汉字或英文单词的笔译实习，形式可为文学作品翻译、字幕翻译、公文材料翻译、商业宣传材料翻译、学术论著翻译等，并能提供译作采用单位的实习鉴定书。实习结束后，学生应将实习单位出具的实习鉴定书交给学校，作为完成实习的证明。

（2）实践时间：在完成第一年理论课的基础上进行专业实践。具有 2 年及以上企业工作经历的研究生专业实践时间应不少于 6 个月，不具有 2 年企业工作经历的研究生专业实践时间应不少于 12 个月，非全日制研究生专业实践可结合自身岗位工作任务开展。

（3）实践组织：专业实践可以采用集中实践和分段实践相结合的方式，专业实习过程中须有教师或导师指导，确保实习生能够获得规范、有效的培训和实践，提高翻译技能和职业操守。学生应按照要求完成与课程或专业相关的实践活动，熟悉、体验和理解本专业内涵，强化专业技能，提高实践能力和团队协作精神。

3.学术活动

学生自主或在教师的指导下参加各种课外学术活动，包括参加学术讲座、学术会议、研究小组、论文答辩，参与课题、编辑刊物，参加学科竞赛等多种形式。学术活动的成效由活动单位或指导教师进行评价，纳入实践训练考核。

四、获得本专业学位应具备的基本能力

要求具备以下基本能力：语言能力、翻译能力、跨文化交际能力、百科知识获取能力、团队协作能力等。

1. 语言能力

翻译既要通过语言获取信息，又要通过语言传递信息。本专业硕士应熟练掌握母语和英语，掌握两种语言的语音、语法，形成两种语言的良好语感，娴熟地运用两种语言进行书面交际。

2. 翻译能力

翻译能力是本专业学位教育通过职业翻译技能训练，培养学生发展所具备的主要能力。本专业的笔译能力包括汉语和英语的双语转换能力、双语文本能力、双语体裁能力、笔译策略能力、译前准备能力等。

3. 跨文化交际能力

翻译是一项跨文化交际活动，译者是文化传播的使者。获得本专业学位者应具备较强的跨文化交际意识，并能够充分地将这种跨文化交际意识贯穿翻译过程的始终，使得自己的译语或译文能够传递出原文中所负载的文化信息，成为中外文化传播的使者。

4. 百科知识获取能力

翻译能力与译者的相关知识能力密切相关，一般来说，译者的知识面越宽，翻译能力就越强。本专业硕士生应具备在日常生活和工作中不断吸取知识和扩大知识面的能力，并具备在具体的翻译实践中强化某一相关领域知识的能力。

5. 团队协作能力

在语言服务行业中，翻译是一项需要沟通协作完成的工作。本专业硕士生应具备较强的团队协作能力，包括商务沟通、人力资源管理、质量管理、时间管理、成本管理等方面的项目管理能力。

五、学位论文基本要求

1. 选题和文献综述要求

（1）学位论文选题。硕士研究生在导师指导下确定研究课题，学位论文选题应符合本学科的研究方向，有一定的创新性，工作量饱满，并有良好的应用前景。

（2）文献综述及开题。围绕选题内容阅读国内外近十年内的 20 篇以上文献（外文文献 10 篇以上），且文献应以近十年内为主。在完成大量文献阅读后，撰写论文开题报告并进行开题论证，经开题小组专家同意后，进入学位论文阶段。

2. 规范性要求

根据培养目标和论文撰写者的兴趣和特长，本专业学位论文可以采用以下任何一种形式：

（1）翻译实习报告。学生在导师的指导下参加翻译实习（重点关注语言服务业的项目经理、项目译员和项目审校等相关岗位），并就实习过程写出不少于 1.5 万字的实习报告；项目经理实习报告应包括项目背景介绍、项目计划、项目实施评估、技术应用总结、团队合作评估和用户满意度调查等内容；项目翻译实习报告应包括翻译任务背景介绍、需求分析、时间管理、工具使用、翻译质量控制、重点总结、翻译过程中遇到的问题、采取的措施，以及获取的经验等内容；项目审校实习报告应包括本次任务的质量标准、时间管理、工具使用、质量监控、质量评估等方面。翻译实习报告可以就实习过程写出观察到的问题和切身体会，并提出改进建议等。

（2）翻译实践报告。笔译专业学生在导师的指导下选择从未有过译文的文本，译出或译入语言不少于 1 万字，并就翻译过程中遇到的问题写出不少于 1 万字的分析报告。翻译实践报告的内容包括任务描述、翻译过程、案例分析和实践总结等。

(3) 翻译实验报告。学生在导师的指导下就笔译或语言服务业的某个环节展开实验，并就实验的过程和结果进行分析，写出不少于1.5 万字的实验报告，内容包括任务描述（实验目的、实验对象、实验手段等），任务过程（假设、变量、操作性定义、受试的选择、实验的组织、实验数据的收集），实验结果分析以及实验总结与结论等。

(4) 翻译调研报告。学生在导师的指导下对翻译政策、翻译产业和翻译现象等翻译相关的问题展开调研与分析，内容包括任务描述（调研目的、调研对象、调研方式等），任务过程（受试的选择、调研的组织、调研数据的收集），调研结果分析以及调研的结论与建议等，不少于 1.5 万字。

(5) 翻译研究论文。学生在导师的指导下就翻译的某个问题开展研究，写出不少于 1.5 万字的研究论文，内容包括研究意义、研究目标、研究问题、文献综述、理论框架、研究方法、案例分析、结论与建议等。

3. 质量要求

学位论文要求在选题上体现翻译及语言服务行业的专业性和职业性特点，针对翻译实践、翻译管理、翻译市场与行业、翻译技术与工具使用等方面的具体问题展开，要求有一定的理论和实用价值；研究结果能对翻译学科的建设、翻译理论和实践的发展、翻译行业的管理、翻译技术的应用等方面有所贡献，具有一定的社会经济效益和应用价值。

论文在研究方法、研究内容、技术使用、文本选择、分析视角等方面具有较高的创新性。论文设计正确、周密，能准确把握所要研究问题的现状，并综合运用理论、方法和技术手段解决所发现的问题。论证过程完善，分析符合逻辑，结论或结果可靠。

学位论文应用外语撰写，要求语言表述正确、清晰、流畅、条理性强，无语法和拼写错误、错别字、标点符号使用不当等错误；翻译实践和翻译案例要求译文正确，表达流畅，无误译、错译现象；论文结构完整，图表清晰，格式排版、引用标注和参考文献等符合学术规范。

4. 学术道德要求

自觉遵守《著作权法》《专利法》《科技工作者科学道德规范(试行)》等知识产权法规，恪守学科（专业）公认的学术道德和学术规范，严格遵守我校制定的学术道德规范条例。

案例4：日语笔译翻译硕士专业学位授予标准

日语笔译领域翻译硕士专业学位授予标准

一、获得本专业学位应具备的基本素质

1. 学术道德

掌握马克思主义、毛泽东思想和邓小平理论，坚持党的基本路线，热爱祖国、遵纪守法，品德高尚、学风严谨，诚实守信、身心健康，具有较强的事业心。在学术活动中坚持独立探索、严谨求实的科学精神。在翻译实践中，恪守翻译标准和规范，坚持职业译员的道德操守，确保译文的产出质量和传播功能。在撰写学术论文或研究报告时，尊重知识产权，尊重他人的研究成果；引用他人研究成果要如实标明出处，从他人作品转引第三人成果时，要如实注明转引出处，自觉杜绝学术抄袭和学术造假。

2. 专业素质（素养）

要求具备良好的语言素养、人文素养、跨文化交际素养和百科知识素养，以及创新创业能力。

3. 职业精神

要求遵守科学诚信的职业道德，在翻译活动中尊重原作的知识产权，在译文中注明原文的出处和版权所有人；保守翻译工作中所涉及的个人隐私和商业机密；不承担超过个人能力的笔译任务，具有较强的抗压能力和团队协作精神。

二、获得本专业学位应掌握的基本知识

1. 基础知识

要求掌握的基础知识包括语言知识、翻译知识、百科知识、信息技术知识。

语言知识：母语和日语的语言知识、母语和日语的文学文化知识、母语和日语不同文体和语域的写作知识，比较语言学知识，跨文化交际知识等。

翻译知识：翻译的概论和理论，翻译实践的要求和方法，语言服务产业的运作机制和行业标准与规范。

百科知识：母语和日语国家的政治、经济、文化、社会、地理、历史、文学、科技等领域的知识，相关行业翻译活动所需的相关专业知识等。

信息技术知识：用于语言服务行业的信息技术知识包括机器翻译、计算机辅助翻译、语言文字识别、信息检索、文本转换、术语管理等。

2. 专业知识

要求掌握的专业知识包括翻译理论和实践知识，语言服务产业的相关专业知识，与所翻译内容相关的专业知识。

翻译理论和实践知识：翻译学的基本概念和主要理论流派，翻译史，翻译过程中语言的转换，翻译质量控制，翻译实践的形式和要求。

语言服务产业的相关专业知识：翻译职业化的发展历程、未来趋势及影响因素，语言服务产业的运作机制和职业价值观。

与所翻译内容相关的专业知识：一般翻译活动经常涉及的相关行业领域知识，如政治、外交、经济、社会、文化、财经、法律、科技等，与海洋经贸和海洋科技领域翻译所需的相关知识。

三、获得本专业学位应接受的实践训练

翻译是一门实践性很强的专业。翻译硕士生的教学要与翻译实践活动紧密结合。课外学习与实践是课堂教学的延伸与扩展，是培养和发展学生翻译能力的重要途径，应在教师的指导下有目的、有计划、有组织地进行。翻译硕士生的实践训练应包含以下几个部分：

1. 实践教学

翻译硕士专业学位教育的课程学分应有不低于 70% 的学分来自实践或实训课程，包括以大量翻译技能训练和翻译案例分析的笔译实践课程，突出翻译实践能力的培养。作为课堂教学的一部分，学生应在教师的组织下，在语言实验室和计算机辅助翻译实验室等场所开展笔译的实践学习，并由教师进行评估；要求学生在学期间至少有 15 万字的笔译实践。实践教学方式如下：

（1）案例教学——作为课堂教学的一部分，教师采用案例教学法，使学生在教师的组织下应用所学的理论针对具体的案例开展笔译实践，旨在提高学生翻译实践能力。教师也可采用项目翻译的方式授课，即学科承接各类文本的翻译任务，学生课后翻译，教师在课堂上

讲评，加强对学生翻译技能的训练。

（2）模拟教学——在语言实验室和计算机辅助翻译实验室等场所开展笔译的仿真模拟训练，并由教师进行评估，计入实践教学成绩，以提高学生翻译的实战能力。

（3）实践专家授课——实行"理论学习、社会实践、专题研究"三位一体的校企联合培养模式，聘请有实践经验的高级译员或客座教授为学生授课或开设讲座，通过翻译工作坊开展实践训练，旨在提高学生翻译实践能力，丰富学生的企业文化知识，以满足企业对人才的需求，缩短学生未来从事相关职业的磨合期。

2.专业实践

专业实践是翻译硕士专业学位教育的必要环节，需结合具体的培养目标精心组织，在符合资质要求的政府部门或企事业单位开展。可在校外实习基地或其他实习场所完成。

（1）实践内容：专业实习包括认知实习和岗位学习。翻译硕士笔译专业的学生应有不少于15万汉字或日文单词的笔译实习，形式可为文学作品翻译、字幕翻译、公文材料翻译、商业宣传材料翻译、学术论著翻译等，并能提供译作采用单位的实习鉴定书。实习结束后，学生应将实习单位出具的实习鉴定书交给学校，作为完成实习的证明。

（2）实践时间：在完成第一年理论课的基础上进行专业实践。具有2年及以上企业工作经历的研究生专业实践时间应不少于6个月，不具有2年企业工作经历的研究生专业实践时间应不少于12个月，非全日制研究生专业实践可结合自身岗位工作任务开展。

（3）实践组织：专业实践可以采用集中实践和分段实践相结合的方式，专业实习过程中须有教师或导师指导，确保实习生能够获得规范、有效的培训和实践，提高翻译技能和职业操守。学生应按照要求完成与课程或专业相关的实践活动，熟悉、体验和理解本专业内涵，强化专业技能，提高实践能力和团队协作精神。

3. 学术活动

学生自主或在教师的指导下参加各种课外学术活动，包括参加学术讲座、学术会议、研究小组、论文答辩，参与课题、编辑刊物，参加学科竞赛等多种形式。学术活动的成效由活动单位或指导教师进行评价，纳入实践训练考核。

四、获得本专业学位应具备的基本能力

要求具备以下基本能力：语言能力、翻译能力、跨文化交际能力、百科知识获取能力、团队协作能力等。

1. 语言能力

翻译既要通过语言获取信息，又要通过语言传递信息。本专业硕士应熟练掌握母语和日语，掌握两种语言的语音、语法，形成两种语言的良好语感，娴熟地运用两种语言进行书面交际。

2. 翻译能力

翻译能力是本专业学位教育通过职业翻译技能训练，培养学生发展所具备的主要能力。本专业的笔译能力包括汉语和日语的双语转换能力、双语文本能力、双语体裁能力、笔译策略能力、译前准备能力等。

3. 跨文化交际能力

翻译是一项跨文化交际活动，译者是文化传播的使者。获得本专业学位者应具备较强的跨文化交际意识，并能够充分地将这种跨文化交际意识贯穿翻译过程的始终，使得自己的译语或译文能够传递出原文中所负载的文化信息，成为中外文化传播的使者。

4. 百科知识获取能力

翻译能力与译者的相关知识能力密切相关，一般来说译者的知识面越宽，翻译能力就越强。本专业硕士生应具备在日常生活和工作中不断吸取知识和扩大知识面的能力，并具备在具体的翻译实践中强化某一相关领域知识的能力。

5. 团队协作能力

在语言服务行业中，翻译是一项需要沟通协作完成的工作。本专业硕士生应具备较强的团队协作能力，包括商务沟通、人力资源管理、质量管理、时间管理、成本管理等方面的项目管理能力。

五、学位论文基本要求

1. 选题和文献综述要求

（1）学位论文选题。硕士研究生在导师指导下确定研究课题，学位论文选题应符合本学科的研究方向，有一定的创新性，工作量饱满，并有良好的应用前景。

（2）文献综述及开题。围绕选题内容阅读国内外近十年内的20篇以上文献（外文文献10篇以上），且文献应以近十年内为主。在完成大量文献阅读后，撰写论文开题报告并进行开题论证，经开题小组专家同意后，进入学位论文阶段。

2. 规范性要求

根据培养目标和论文撰写者的兴趣和特长，本专业学位论文可以采用以下任何一种形式：

（1）翻译实习报告。学生在导师的指导下参加翻译实习（重点关注语言服务业的项目经理、项目译员和项目审校等相关岗位），并就实习过程写出不少于1.5万字的实习报告；项目经理实习报告应包括项目背景介绍、项目计划、项目实施评估、技术应用总结、团队合作评估和用户满意度调查等内容；项目翻译实习报告应包括翻译任务背景介绍、需求分析、时间管理、工具使用、翻译质量控制、重点总结翻译过程中遇到的问题，采取的措施，以及获取的经验等内容；项目审校实习报告应包括本次任务的质量标准、时间管理、工具使用、质量监控、质量评估等方面。翻译实习报告可以就实习过程写出观察到的问题和切身体会，并提出改进建议等。

（2）翻译实践报告。笔译专业学生在导师的指导下选择从未有过译文的文本，译出或译入语言不少于1万字，并就翻译过程中遇到的问题写出不少于1万字的分析报告。翻译实践报告的内容包括任务描述、翻译过程、案例分析和实践总结等。

（3）翻译实验报告。学生在导师的指导下就笔译或语言服务业的某个环节展开实验，并就实验的过程和结果进行分析，写出不少于1.5万字的实验报告，内容包括任务描述（实验目的、实验对象、实验手段等），任务过程（假设、变量、操作性定义、受试的选择、实验的组织、实验数据的收集），实验结果分析以及实验总结与结论等。

（4）翻译调研报告。学生在导师的指导下对翻译政策、翻译产业和翻译现象等翻译相关的问题展开调研与分析，内容包括任务描述（调研目的、调研对象、调研方式等），任务过程（受试的选择、调研的组织、调研数据的收集），调研结果分析以及调研的结论与建议等，不少于1.5万字。

（5）翻译研究论文。学生在导师的指导下就翻译的某个问题开展研究，写出不少于1.5万字的研究论文，内容包括研究意义、研究目标、研究问题、文献综述、理论框架、研究方法、案例分析、结论与建议等。

3. 质量要求

学位论文要求在选题上体现翻译及语言服务行业的专业性和职业

性特点，针对翻译实践、翻译管理、翻译市场与行业、翻译技术与工具使用等方面的具体问题展开，要求有一定的理论和实用价值；研究结果能对翻译学科的建设、翻译理论和实践的发展、翻译行业的管理、翻译技术的应用等方面有所贡献，具有一定的社会经济效益和应用价值。

论文在研究方法、研究内容、技术使用、文本选择、分析视角等方面具有较高的创新性。论文设计正确、周密，能准确把握所要研究问题的现状，并综合运用理论、方法和技术手段解决所发现的问题。论证过程完善，分析符合逻辑，结论或结果可靠。

学位论文应用外语撰写，要求语言表述正确、清晰、流畅、条理性强，无语法和拼写错误、错别字、标点符号使用不当等错误；翻译实践和翻译案例要求译文正确，表达流畅，无误译、错译现象；论文结构完整，图表清晰，格式排版，引用标注和参考文献等符合学术规范。

4.学术道德要求

自觉遵守《著作权法》《专利法》《科技工作者科学道德规范（试行）》等知识产权法规，恪守学科（专业）公认的学术道德和学术规范，严格遵守我校制定的学术道德规范条例。

第二部分

涉海翻译人才库建设路径

第四章 语言服务行业概述

一、行业背景

(一) 语言服务是一种弱中心化的结构

保守估计,语言服务的市场价值已经超过了万亿,撑起该市场的产能供给方是无数的翻译公司和译员,并形成一种以公司为中心的翻译交付网络。

(二) 语言服务行业在市场、产能、数据方面都是分散的

语言服务行业因语种行业、使用场景的不同导致市场是极度分散的;因地域分布、能力等级的不同导致翻译公司和译员的产能也是极度分散的;因技术标准、信息化程度的不同导致术语语料等语言资产数据和译员行为数据也是极度分散的。

(三) 区块链的去中心化将有助于行业共识的达成

弱中心化结构和行业分散特点导致行业内无法产生真正的"行业掌舵者",由其去主导和推动某些行业共识的确立。伴随区块链的发展,这将变得可能。区块链去中心化自组织模式成为资源整合和价值共享的有效途径,区块链的不可篡改特性成为行业数据信息记录的最佳手段。

二、行业现状

（一）译员能力的辨识是行业的常态

1. 译员是需要被信任的。由文译员能力良莠不齐，服务态度容易受到多方影响，因此翻译公司为了降低风险，迫不得已只能与信任的译员合作。

2. 信任的前提需要完成辨识。信任不会凭空产生，用人单位和行业翻译公司需要逐个辨识和信任。

（二）译员能力辨识是独立和分散的

1. 企业独立完成译员的辨识。用人单位和企业之间在译员辨识、信任、使用方面是相互独立和保密的，竞争关系导致所有企业都独自去完成这些操作。

2. 辨识的资源投入导致对译员信任的分散。译员辨识需要用人单位和企业的人力、订单等资源投入，所以译员常常被当作私有资产牢牢掌握在用人单位和企业手中。

三、解决痛点

由于诚信体制不完善，语言服务行业一直存在译员辨识难的痛点。所谓译员辨识，就是翻译机构对译员的测试，通过一系列的稿件试译和漫长的试用期来了解这个译员的真实水平，从而判断这个译员是否可用。

不同的翻译机构针对译员的辨识方式可能不同，但是总体上分以下几种形式：试译、看之前的项目经历、个人优秀的代表作品、历史荣誉证书。其中，试译是最常用的一种辨识手段。不论哪一种形式的译员辨识，都存在周期长、成本高的问题，对双方都是一种消耗。

另外，译员资源流失也是各个翻译机构一直存在的问题。花费大量的成本辨识出来的译员，却没有足够的订单支持，导致译员资源闲置，最终流失，给翻译机构造成了巨大的损失。

涉海翻译人才管理及信用系统不仅仅是简单的译员信用系统，更是产能的聚集，它利用了最新的区块链技术，将入库人才、译员的个人经历存储在区块链上，确保不被篡改，增加信息的可信度。通过一段时间的积累，愿意将个人经历存储在系统上的译员会越来越多，最终形成聚集。

（一）译员被多次重复辨识

1. 行业资源被严重浪费。在所有的项目初始，用人单位都在辨识译员，而辨识对象却是同一群体，最终的辨识结果又无法共享利用。

2. 译员苦恼反感。译员每一次开启与新公司的合作，都需要提交资料或参与测评试译，这对于所有译员都是苦恼反感的事情。

（二）当前辨识不具有公信力

1. 不是所有用人单位都拥有辨识闭环。译员辨识不是一蹴而就的，还需要流程机制去反馈跟踪，并非所有用人单位都有严格完整的辨识业务闭环。

2. 不是所有用人单位都能保证数据安全和公正。辨识数据需要被安全完整记录，目前行业既缺少数据完整性标准，也缺少数据安全规范，甚至存在译员作弊造假、公司与企业联合作弊的可能。

第五章　语言服务行业人才管理平台

一、领英—职场社交

领英（LinkedIn），全球最大职业社交网站，是一家面向商业客户的社交网络（SNS），成立于 2002 年 12 月并于 2003 年启动，于 2011 年 5 月 20 日在美国上市，总部位于美国加利福尼亚州。

网站的目的是让注册用户维护他们在商业交往中认识并信任的联系人，俗称"人脉"。用户可以邀请他认识的人成为"关系"（connections）圈的人。上市没多久，用户数量就达 2 亿，平均每一秒钟都有一个新会员加入。2014 年 2 月 25 日，LinkedIn 简体中文版网站正式上线，并宣布中文名为"领英"。

2015 年 6 月 23 日，领英在中国宣布，由本土团队独立研发的基于真实身份的职场社交 App——"赤兔"上线。

2016 年 6 月 13 日，微软官方博客宣布，微软和 LinkedIn 公司已经达成了一项最终协议，微软将以每股 196 美元，合计 262 亿美元的全现金收购包括 LinkedIn 公司的全部股权和净现金。2017 年，在全球最具价值品牌 100 强排行中，领英科技以 135.94 亿美元排名第 79 位。

（一）背景

领英是全球职场社交的巨头，2014年进入中国人的视野中。其核心是"职场+社交"，即帮助用户发现并维护他们在商业交往中的联系人，即"人脉"，通过对"人脉"的沟通管理，来发现更多的求职机会或者商业机会。

职场社交是针对职场人群的高度垂直化产品，目的是帮助其管理人脉、职场沟通、招聘跳槽。我们所知道的最早的职场社交即硅谷巨头LinkedIn，在海外取得巨大成功之后，国内渐渐开始效仿，将社交方向由大而全的综合社交转向"垂直社交+"，社交类应用发展重心从"广泛"转向"深入"，综合类社交平台用户活跃度下降。

多种创新形式的社交模式开始涌现于国内市场，社交模式向多元化方向发展。

创新的社交形式	平台
职场社交	脉脉、领英、天际、若邻
兴趣社交	豆瓣、知乎、天涯
婚恋社交	百合、世纪佳缘
陌生人社交	陌陌、探探、比邻

职场社交在2004年进入国内后，PC端发展形成以天际网、若邻网为代表的产品；到了2013年，移动端职场社交开始涌现，如脉脉。

移动端的职场社交的业务模式并不是PC端的职场社交业务模式的简单迁移。简单来说即：

PC端更注重其职场需求、招聘，移动端开始更注重职场交流。

在PC端，由于HR可以批量处理招聘信息，所以更偏向于职场招聘；移动端可以随时随地、即时沟通，不受条件的制约，因而更偏向于职场交流。

PC 端	移动端
天际网	脉脉
满足商业需求，人脉圈+招聘+教育+活动	人脉营销、挖掘、维护二度人脉

（二）定位

LinkedIn 的产品定位在他们的自我介绍中已阐述得十分清晰：致力于帮助全球职场人士打造职业形象、获取商业洞察、拓展职业人脉并发现更多职业机遇。

（三）对象

LinkedIn 主要用户是对职场生涯有管理需求的职场人士。下面我们从不同的维度来对 LinkedIn 用户进行分析。

百度指数显示：LinkedIn 30—39 岁的使用者最多。LinkedIn 官方发布的数据显示：超过一半的 LinkedIn 用户为经理以上的管理人员，企业管理层的年龄通常在 30 岁以上；但是 40 岁以上的使用者占比骤减，原因可能是 LinkedIn 本身来源于海外，懂英文并在外企工作或者有留学背景的使用者偏多，40 岁以上的中年人对这种西方文化接受度相对较低。

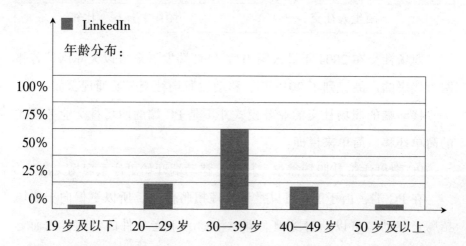

LinkedIn用户男女比例大概是57:43，造成这一现象的原因有以下几方面：

◎中国本身男女比例失衡，男性基数大；

◎在职的男性人数比较多，部分女性选择做全职主妇；

◎女性的升迁速度比男性慢，并且男性高管数量是女性的4.5倍。因而男性对于职场及人脉的管理有更大的需求。

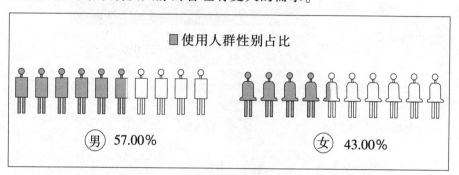

将用户职业结构和收入结构联系起来可以看到：

◎白领和学生人群占比较高，用户收入结构超过8000元的占比近80%，大部分白领的收入在此区间内；

◎1000元以下的收入排第二，此收入人群大部分对应着学生；

◎中高收入人群占比较高，是因为中高端人才借助职场社交平台可以获取到匹配自己个性需求的业内动态和职场资讯，效率及准确度较其他渠道更高。

此外，对比公务员、个体户，白领们对升迁、跳槽、自己的事业有着更大的野心，他们希望借助职场社交，认识到对自己有帮助和学习的对象。

在地域分布上，北京、上海、广州、深圳等一、二线城市人才集聚效应高，LinkedIn用户较多。其他城市相对来说生活圈子比较封闭，可能更依赖于朋友亲戚推荐，而不会选择新的职场社交。

中国职场社交 App 用户职业结构分布比例

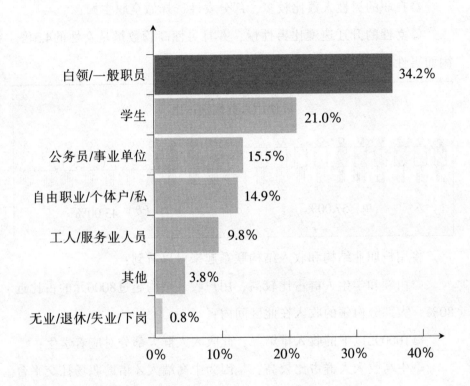

数据说明：基于 2014 年（显示基本中国数字消费用户数达 218 万安全移动式活跃数字消费的移动互联网监测结果，采用自主研发的 Enfotech 技术，帮助您有效了解数字消费在 PC 和智能手机上的行为轨迹。

中国职场社交 App 用户月收入结构分布比例

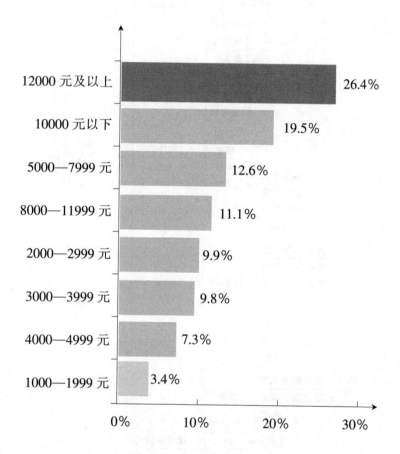

数据说明：基于 2014 年（显示基本中国数字消费用户数达 218 万，安全移动式活跃数字消费的移动互联网监测结果，采用自主研发的 Enfotech 技术，帮助您有效了解数字消费在 PC 和智能手机上的行为轨迹。

（四）功能

1. 功能结构图

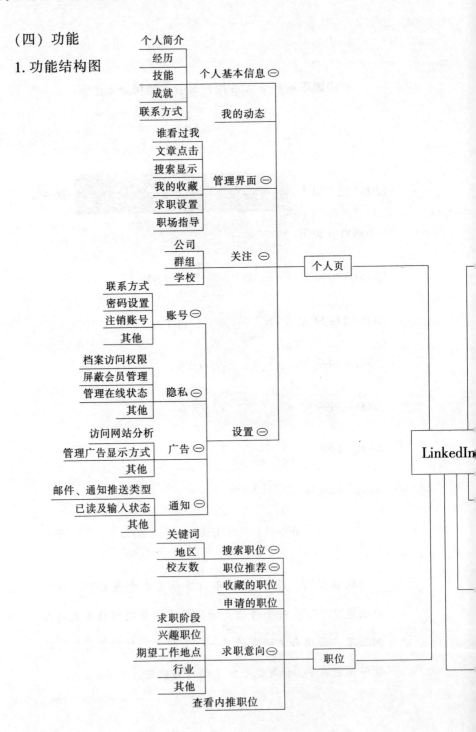

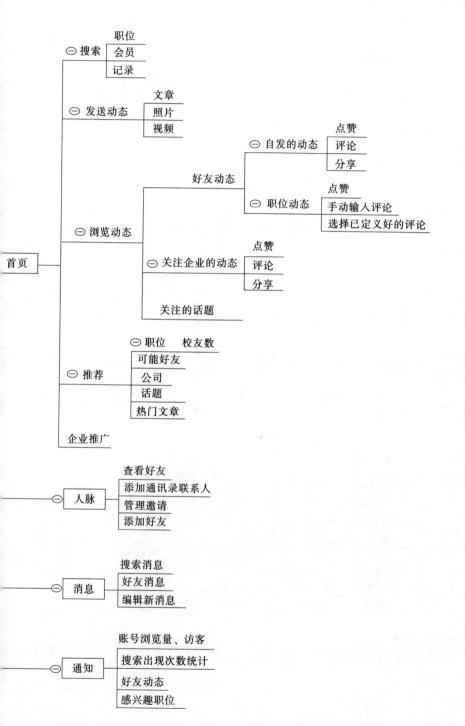

涉海翻译人才语言服务能力培养与人才库建设路径研究

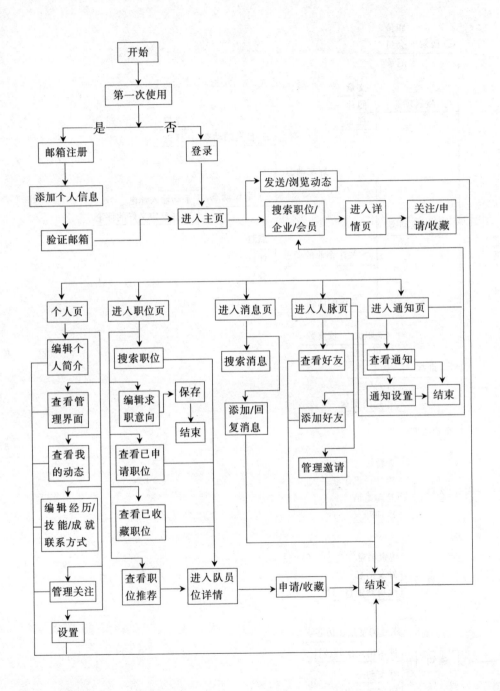

2.重点功能分析

❖个人用户动态的发布

在LinkedIn首页最明显的就是用户动态发布功能。已注册的用户可以编辑内容发布，发布内容可以是文字、照片或视频。

用户除了可以决定内容外，还可以设置动态为分享给好友还是公开，设置开启文章评论还是关闭。

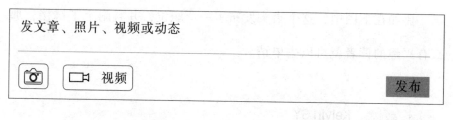

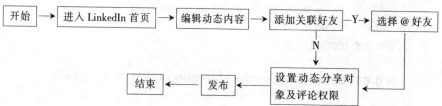

LinkedIn用户所发布的内容是从职场的角度出发而不是生活角度。通常有以下几种类型：

动态内容种类	所对应的发布用户需求
发布参加的商业活动	记录职场生活、扩大个人影响、虚荣心、成就感
猎头和HR发布招聘	招聘需求
个人职场生活变化	记录职场生活、虚荣心、成就感
个人疑问或评论	获取他人看法和评价、扩大个人影响力
分享热点新闻或者文章	虚荣心、扩大个人影响力

（1）发布参加的商业活动

比如某用户分享了他在巴黎参加了一个时尚大会并附上了自己演讲的照片，以此来记录他的职场生活，并扩大他的个人影响，同时来满足他的虚荣心，获得心理上的成就感。

（2）猎头和HR发布招聘

比如在下图中，这个猎头发布了一个职位，并且附上了链接，那么有兴趣的读者就可以去申请。

（3）发布个人职场生活变化

比如在下图中，这个女生分享了自己结束了在IBM的工作，她不仅感激这段经历，而且希望后面可以做得更好。

（4）发布个人的疑问或评论

在下面的第一张图中，这位用户根据一则新闻，发布了一个自己的疑问并且希望大家共同来探讨；在第二张图中，一个用户就腾讯金融云与银行的合作发表了自己的评论。

Kenzo Ho
Security Specialist at OCBC Wing Hang Bank C|E...
3 周前

從未入侵他人電腦，是否定為Hacker？

https://lnkd.in/fuQ6bRN

赞　　　　　评论　　　　　分享

抢先点赞

Manager - Gaming, Telecom, Tech and Digital IT
14 小时前

腾讯金融云和银行合作，腾讯云支撑社交数据从基本属性逐渐向用户的交易属性，像黑名单，像风险属性就可以看到有非常多的很有价值的信
旅行特征，房产特征可以揭示很多事情，腾讯有一个优势，基本上来讲任何一 ...展开

腾讯金融云技术总监曹骏：大数据与人工智能技术在金融行业的应用
cloud.idcquan.com

（5）分享热点新闻或者文章

用户个人的动态发布属于用户生成内容（UGC），LinkedIn对于UGC内容的把控主要通过以下手段：

◎依靠用户举报来限制恶劣内容。

◎优质用户产生优质内容。根据前文的分析，LinkedIn的主要核心用户是高收入人群，通常是白领和企业高管，他们都属于优质用户，具有较好的职业素养，也就在一定程度上保证了用户发文的优质性。

◎点赞数以及读者评论。文章的点赞数量越多，表明热度以及精彩度也就越高，会吸引更多人。阅读其他人的评论，获取到大部分人对文章的看法，由此帮助我们进行分析识别。

◎使用算法和人工审阅相组合的方式来检查用户所发布的内容，如果发布的内容被封禁，那么用户会收到邮件告知其帖子中包含违禁的内容。

目前，中国地区还没有开放"文章"功能，只可以发送"动态"。由于"动态"对字数进行了限制，因此对于内容也有一定程度的把控。

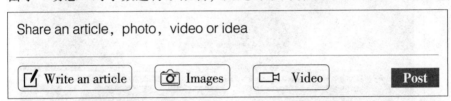

❖ "领英人物"的发布

在LinkedIn平台上，除了有用户发布内容UGC外，也有专业生产内容（PGC）类的内容，即"领英人物"（LinkedIn Influencer）所发布的文章。

领英人物必须是领英邀请加入的，是由全球最重要的思想家、领导者和创新者所组成的。他们在LinkedIn上面拥有发送长篇的专业性文章的权限，名单中包括理查德·布兰森、比尔·盖茨等等。

Richard的文章与动态
13,911,782 位关注者

Catching up with Bill Gates on climate change
Richard Branson，发布于领英

 Why you shouldn't give in to self-doubt:
Richard分享了

 The rise of the playful workspace - but will it enable you to be more creative or...
Richard分享了

Proud of Virgin Active SA for reshaping their thinking towards water & putting...
Richard分享了

全部文章　　　　**全部动态**

LinkedIn对于PGC内容的把控方式：

◎LinkedIn的编辑团队参与、审核文章的内容。LinkedIn的编辑团队会与"领英人物"合作，撰写出可以让其他成员获得启示的有深度的文章。

◎"领英人物"的门槛高。首先，加入只能是受到邀请，不可以主动申请；其次，每一年LinkedIn都会从参与度、贡献度、专业度等方面评估现有的"领英人物"。

❖LinkedIn内部及其他企业的发布

LinkedIn上面的职业生产内容（OGC）可以分为两种：第一种来自LinkedIn内部创造或推荐。第二种来自其他企业自媒体。

（1）LinkedIn内部创造或推荐

2011年LinkedIn推出了自己的新闻编辑部门，名为"今日LinkedIn"（LinkedIn Today）。从用户所属的行业和关注的行业出发，进行每日业界新闻推送。LinkedIn也会利用算法将一些非原创文章推荐给用户。

（2）其他企业自媒体为了与公司主页的关注者进行互动，可以发送企业快讯。

主页管理员编辑企业快讯、图片和相关行业文章，然后发布即可。这些企业快讯将显示在公司主页和公司关注者的动态汇总中，设置目标人群特征，即为定向企业快讯。比如可以定义目标人群的语言、地区、工作职能、行业、职位级别等等，限制人群的数量。

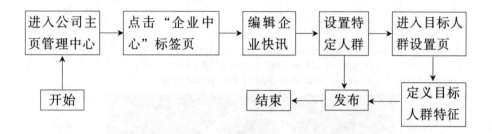

LinkedIn内部发送的每日新闻以及文章推荐，都是通过数据挖掘和计算，根据用户的喜好、行业等特征来进行的定向推送。

LinkedIn对OGC内容的把控方式：

其他企业自媒体所发布的企业资讯，会受到LinkedIn的检查，通过算法和人工审阅相组合的方式来检查其所发布的内容。

❖浏览动态

（1）三度人脉动态管理

如果好友点赞或评论了他人分享的动态也会显示出来。如在下图中，Vanessa是我一个普通朋友，他点赞了他的好友Christine分享的CIFI机构的一则动态。

在这种情况下，Vanessa是我的一度人脉，Christine是我的二度人脉，CIFI属于我的三度人脉。

LinkedIn这样做的好处是帮助用户扩展人脉，用户可以接触到二三度人脉。

但是这样做有一个问题，即用户是否希望在动态中浏览三度以上

的人脉动态。有的用户好友数量很庞大，他们的一度人脉自发的动态已经可以满足他的信息获取。

对于问题的解决建议：可以让用户根据个人喜好来设置是否显示所有好友的点赞、评论相关的所有内容。比如，可以让用户设置特别关注好友，显示特别关注好友的点赞、评论等所有动态，而其他普通的用户则不显示这类动态。

（2）推荐关注

每则动态右上角的"…"，下级显示中的一项叫作"订阅职场资讯"。点击后进入的是叫作"管理动态汇总"的页面。"管理动态汇总"这个页面还有另外两个入口，其中一个入口是在账号的设置中的"首页动态汇总偏好"；另外一个在首页动态中，LinkedIn会"推荐关注"。这三个入口连接的版面是相同的，即"管理动态汇总"。

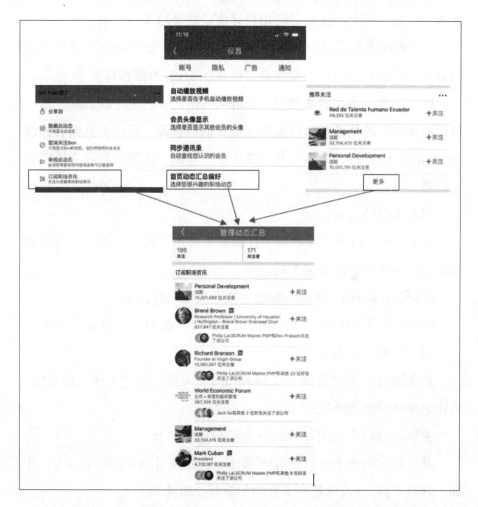

　　LinkedIn设计"管理动态汇总"的多个入口的好处：鼓励用户去关注话题和"领英人物"，他们产出的内容质量比较高，好的内容会提高用户的黏度。

　　但是也有很多问题：

◎入口的名字不统一，没有逻辑性。"订阅职场资讯""首页动态汇总偏好""推荐关注""管理动态汇总"四个名称看起来没有任何联系，但是他们是指向同一个页面。这样的设计造成用户的使用感复杂、混乱，一个功能却带给用户好像是四个功能的印象。

◎"管理动态汇总"的内容与名称不符。"管理动态汇总"页面内容有用户所有的关注、关注者，以及LinkedIn的推荐订阅。

针对这个问题的解决建议：LinkedIn对于"管理动态汇总"这一版面的主要目的是推荐用户去关注优质的内容源，所以将页面名称改为"推荐关注"，将"关注"与"关注者"移除。这两个在后文说明放在哪里。

三个入口的改变：

◎将"…"的下级显示的"订阅职场资讯"取消，因为"订阅职场资讯"和该条动态是无关的。

◎在首页动态中，LinkedIn的"推荐关注"保持不变。

◎在账号设置中将"首页动态汇总偏好"改为"管理动态关注"。

（3）管理动态关注

首先梳理一下"关注"：LinkedIn的"关注"与"人脉"的设定，关注主要针对动态来说：

关注=人脉+人物圈外+话题+企业+群组+学校

其中好友的动态可以选择不关注，人物圈外通常指的是大V，比如"领英人物"，人脉是两人互相加为好友的关系。

LinkedIn这样设定的好处：

◎话题、企业、"领英人物"所发的动态，扩大了用户的动态圈，增加了活跃度。比如，用户刚开始没有好友，那他的动态圈会在初始时期一直处于荒芜的状态，更新速度很慢，用户对于动态的浏览也提不起兴趣，甚至可能逐渐放弃使用。但是关注了话题、精英以后，动态页的状态就不同了，用户有内容可看，有信息可取，使用的频率也就会提高。

对于"遥不可及"的对象，普通用户虽不能与他们互加好友，但是可以关注浏览到他们的动态，让用户觉得拉近了自己与他们之间的距离，如同我们在微博上经常关注一些大V或者明星一样。

问题是LinkedIn现在提供给用户管理关注的方法，其一是前文提到的"管理动态汇总"页面中的"关注"，其二是个人页面中"动态与文章"下面的"关注"。

但是，"关注"的分类混乱、不统一，并且将"关注"放在"动态与文章"的下级，显然不合理。用户要去管理关注，至少需要点击三四次才可以去管理关注。

基于LinkedIn对于关注与人脉的设定，关注的范围大于好友，但是管理人脉相比管理关注直截了当得多。

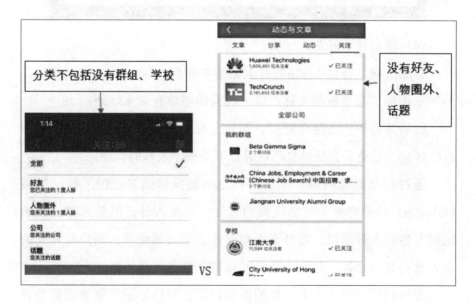

　　另一个是上一部分内容中提到的将账号设置中的"首页动态汇总偏好",改为"管理动态关注"。

　　(4) 动态显示好友

　　新加人脉。在LinkedIn的首页动态中可以增添一类内容,即关注的好友添加了几个新的人脉。这一内容的增添有两点好处:

　　鼓励其他用户去结交好友。例如,我们看到好友最近添加了很多新的好友,难免不会反思自己最近是不是疏于人脉的管理。

　　通过浏览好友的新好友,用户也可能发掘到自己的人脉。虽然LinkedIn会给用户推荐可能认识的二度、三度人脉,但是这种途径相比好友的新人脉来说,在好奇心和对比心态的驱使下,用户对好友的新人脉会更有兴趣,更有可能去发现研究这些可能的好友。

　　考虑到用户对于个人信息的保密程度,可以让用户能够设置是否将自己新结交好友的动态显示给自己的好友看。

（5）职位推荐时效性

虽然LinkedIn的职位推荐不是按照时间排列，但是需要注意时效性以及相差的时间不要太大。比如在下图中，第一个职位推荐是18天前发布的，第二个是2天前发布的。

首先两个职位的发布时间差很大，而且第一个发布时间是18天前，时间有点久，对于每天都使用LinkedIn的用户来说这样的职位推荐吸引力较弱。

❖管理个人信息

（1）精选技能添加

用户添加技能时，LinkedIn会根据用户画像推荐10个技能，其他的技能，用户需要自己手动输入添加。

这样设计的问题有两点：

◎用户自己手动输入，通常都是大脑突然想到了什么就搜索什么，没有逻辑，会导致有的擅长技能没有添加而被漏掉。

◎用户随便输入的内容均可以显示，比如用户可能自己输入了"聪明"显示在技能中。但"聪明"不属于"技能"，与这个区域的功能不符。

建议:

◎因为LinkedIn展示技能的时候是有分类的,包括"行业知识""工具技术""人际交往"。所以在添加的时候,也可以按照这个分类帮助用户梳理和添加。例如,首先用户选择"行业知识"中的技能,LinkedIn可以根据用户个人信息所填的职位和行业进行推荐,用户也可以自己搜索,为了技能名称和格式的统一,用户可以选择但是不可以自定义随意添加。

◎LinkedIn可以添加一个标签功能。现在大家都喜欢给自己贴标签,因为标签可以帮助用户全方位展示自我,可以是对工作的态度、性格特征等。用户在技能中找不到的内容,可以在标签中添加,比如上文中所举的例子中的"聪明"。

对于"技能"好友只可以认可,但是标签中可以设置让好友帮他添加标签。这样可以提升用户和好友的活跃度。

(2)认可技能调查

当认可好友技能时,会弹出有一个调查框,即"好友这个技能的熟练程度如何,你是如何了解到他的这个技能的"。对于所填信息,LinkedIn注明不会显示,也不会分享给这个好友。

不显示的好处是可以避免出现好友评价为一颗星的尴尬，网站可以在收集到最真实的信息并综合分析后，反馈给用户对于他们技能的见解。

认可好友的技能每次要填两个问卷，有的好友有十几、二十几个技能，就要做几十次的问卷。如果用户可能本来想要认可好友20个技能，但没有耐心继续操作下去，就只认可了10个。很多用户可能会选择不填问卷，直接关掉问卷。那么问卷就失去了设计的意义，收集不到认可者的真实反馈信息，还导致每一个认可多了一次操作。

建议：

方案一：现在LinkedIn的逻辑是用户添加技能，好友根据其掌握程度来认可并填写关于掌握程度的问卷。可以反过来设计，用户自己添加技能以及掌握程度，让其好友直接认可。

比如一个用户添加了技能"项目管理"，掌握程度为"熟练"。如果好友认同，直接认可就好。这样做既收集到好友真实的认可（因为如果某一个技能，好友认为的掌握程度与用户自己所填的掌握程度不同，好友可以选择不认可），也不会造成尴尬的状况出现。

但是可能会出现用户通常只赞"精通"或者"熟练"的技能，而好友认为用户的掌握程度与其所填的掌握程度不同，好友选择不去认可，那么认可数会减少，用户活跃度降低。

方案二：将三个衡量标准放在每一个技能旁边，好友直接点击某一个衡量标准来认可，每一个衡量标准后面显示认可数。但是用户会知道每一个好友的认可，如果用户认可的是"良好"，与好友的评判不同，则容易产生尴尬。

（3）工作经历—职位头衔

如果目前是在职的情况，添加工作经历下方会出现"更新行业"

和"职业头衔"。

"更新行业"可以理解为添加新的工作经历，行业改变了。但是，将"职位头衔"和"职业头衔"区别开，一字之差有什么不同？

很多用户在使用时都会有这个疑问，认为是同样的定义。LinkedIn的定义是：默认的"职业头衔"：公司—职位头衔，会显示在个人档案头像下方。

两个词的中文解释相近。但是英文本来的设定是"职位头衔"－Title，"职业头衔"－Headline，它们是两个完全不同的词汇，我们可以从中看出区别，Headline是给自己加一个标题，而"职业头衔"不能表述清楚它的这个意思。

这也是LinkedIn很难融入国内市场的原因之一，一些设定在英文的情况下是合理的，但是直接翻译过来套用在国内，就给用户造成了困惑，与我们的文化没办法融合。

建议一：将这些概念简化，不必专门设置"职业头衔"。

首先，大部分用户困惑、不理解差异；其次，默认的职业头衔只是多加上了公司而已，个人头像下面已经有了公司名称，没必要再重复。比如在上图中，公司"HKU SPACE"出现了两次，视觉上很混乱。

所以，将"职业头衔"这个设定取消，在显示个人档案时，就是姓名、最近职位头衔、最近公司名称、最近学校名称。

建议二：如果保留LinkedIn的本来意图，那"职业头衔"的表述就很不标准，而找一个更能准确表达Headline的中文定义较难。

（4）工作经历——说明

工作经历的说明对于用户的求职起着至关重要的作用，通常是采用大段的文字来描述工作职责范围和工作业绩。LinkedIn的工作说明不是必填项，用户可以选择不填。

LinkedIn这样设计的好处是因为工作说明通常是大段文字，很多用户会因为不想思考，懒得打字等因素，不想编辑工作说明。如果做成必填项，可能一些用户在注册时，就会有放弃注册的念头，造成用户流失率增大。将其设置成选填的栏目，用户可以跳过，轻松完成注册。

但是弊端是没有"辛苦"的过程，用户的忠诚度相对来说会低一些。如果用户能够花费一定的时间和精力来完善自己的工作说明，那么他通常就不会轻易放弃使用。而且没有完善的工作说明，用户的求职成功率也比较低。

建议：将工作说明依旧做成选填项，为了方便用户填写工作说明，可以根据用户的职位提供工作说明的模板。如果用户在注册的时候没有填写工作说明，那么可以在后期发送通知给用户，提醒其完善工作说明。

（5）其他

LinkedIn添加经历的时候，如果必填项和选填项没有区分，那么用户会无法判断哪些是必填项。当用户没填完就保存时，LinkedIn会提示"部分输入内容无效"。

考虑到用户的使用感受，可以在必填项后面加上"*"，加以区分。

❖职场指导

很多人可能都没有发现LinkedIn的一个功能——职场指导，帮助用户跟业界精英对话，获取宝贵的职场指导。

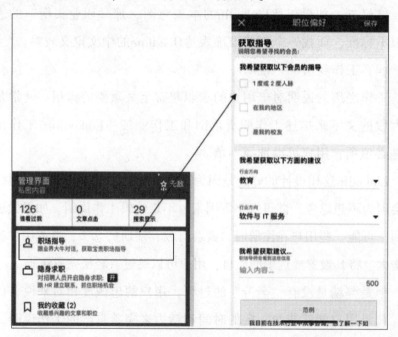

因为LinkedIn的这个功能入口设置得不仅不显眼，而且是新推出不久，所以大部分用户都没有注意到和使用过。

用户填写自己咨询的行业和困惑，提交后等待LinkedIn推荐匹配的精英，但是LinkedIn只在周一和周四进行推荐。用户通过浏览精英编辑的指导领域，在选择合适的导师后就可以开展职场对话。

这个功能有以下几个问题：

◎通过这个功能，寻求指导的用户获取职场建议、解决问题的需求得到了满足。对于精英们来说，他们无偿投入自己的时间，一对一地分享自己的经验，只是满足了他们帮助他人这个精神层面的需求。这样的需求是不平衡的，行业中的精英本就是少数，愿意无偿投入时间和精力的更少，这样不仅会造成精英的指导供不应求，而且精英也很难做到及时回复消息。

◎如果用户不能够准确地描述自己的问题，那么LinkedIn的推荐也不一定是适合的。

◎在用户提交后，LinkedIn只会在周一和周四对用户进行导师推荐，而且配对有效期只有一周，不能建立长期的联系。

建议：

◎LinkedIn的这个功能是提供C2C（个人与个人）的知识分享服务，与"在行"这类产品有相似之处。但是"在行"上的专家是有偿服务的，这样的模式不仅使双方的需求都得到满足，而且大V也可以通过用户的评价提升自己的名气，赢得一个好口碑。

◎可以让用户自己去挑选想要沟通的精英，通过精英的个人资料、行业经历、咨询内容，判断是否符合自己的需求，能否解决自己的问题。

◎与精英的沟通既可以放在线上，也可以放在线下，根据用户和精英的喜好，选择沟通的方式，预约沟通的时间。

（五）差异化

1. 领英在人工智能方面的运用

人工智能支持着领英的方方面面。会员在每一天的使用过程中都体验了人工智能的成果，例如向其推送合适的职位和联系人，或者在信息流中提供有价值的内容。我们在针对企业客户的产品中也应用了人工智能，例如，帮助销售人员预测客户的反馈、向会员提供精准的广告服务，或者帮助招聘人员找到新的人才库。我们在后台也采用了人工智能技术，例如确保会员不受到有害内容干扰，自动寻找最佳连接点以提高网站接入速度，并确保向会员推送有价值而不是令人感到厌烦的通知。

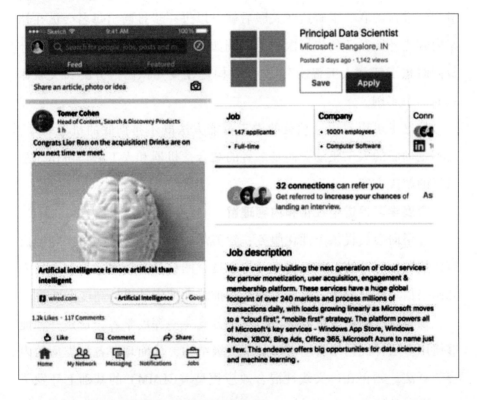

人机结合，最大限度地利用大数据

很多人认为，人工智能是一个不需要人力投入、完全自动化的流程。实际上，人工智能系统中使用的大量数据，以及人工智能系统的部署方式都依赖于人力的投入。以领英档案数据为例，几乎所有会员数据都是由会员自行输入的。因此，同一个职位在一家公司可能称为"资深软件工程师"，而在另一家公司则称为"研发负责人"。汇总上百万份会员档案后，在职位名称错综复杂的情况下为招聘者提供良好的搜索体验是一件极具挑战性的事情。将数据标准化成为人工智能系统可以理解的形式是打造良好搜索体验非常重要的第一步，而这一过程需要人工和机器的共同努力。领英分类学家创建了职位分类体系，然后采用机器学习模型（LSTM模型、其他神经网络等）进一步将大量职位进行关联。了解这些关联后就可以进一步推断出每名会员在档案内容之外所具备的深层次技能。例如，具有"机器学习"技能的会员同时也了解"人工智能"。这就是构建领英知识图谱分类和关联体系的一个实例。

从这里可以看出，领英的人工智能方法既不是彻底的机器驱动，也不是彻底的人工驱动，而是二者的结合。机器和人工密切协作才是最好的解决方案。

深度学习促进个性化和内容理解

为了向会员提供个性化服务，领英需要采用能够从多角度理解内容的机器学习算法。将机器学习与会员意图信号、档案数据和会员人脉网络信息结合起来，就能实现会员推荐和搜索结果的高度个性化。

领英广泛采用了机器学习的一个分支——深度学习，这是一种能够使用多层神经网络自动学习复杂层级结构，从而理解各种类型的内容的算法。领英在广义线性混合效应模型（GLMM）的基础上开发了全新类型的机器学习模型，将来自不同渠道的数据结合起来为会员提供个性化服务。

另外，深度学习方法还可以高效地识别暂存、时序和空间数据中的非线性规律。领英针对大部分自然语言处理和计算机视觉任务采用三大类深度学习方法，即上述的LSTM模型、CNN和序列到序列模型。

2. 领英在大数据方面的运用

大数据包含了所有职场上的人、公司、工作和技能，所有能够提供这些职场技能培训的学校和相关的更新信息。

当这些知识都被当作一个图谱链接起来的时候，企业就可以通过这个图谱来洞察世界经济发展的规律，创造出更多的经济机会。LinkedIn成为第一个实现掌握经济脉络数据的公司。领英有一个"人才流动画板"：在LinkedIn上的每一个用户都有自己的档案。有了这些数据以后，在什么时间哪些人为这些公司工作，哪些人从哪些公司跳槽到另外一个公司，都可以被掌握。当把这些知识提炼到一个公司的高度的时候，领英就可以知道对任何一家公司来讲，竞争对手的人才竞争的情况是怎么样的。

经过大数据分析后，每家公司就可以对企业在人才争夺战中的情况一目了然，而包括Google、Facebook在内的公司都需要这样的数据。在美国几乎所有的职场人士都在LinkedIn网站上注册，因此这类数据会比较全面。

3. 领英在区块链方面的尝试

领英创始人用区块链重新定义信任，重新基于领英孵化了新的产品。

对于领英而言，身份造假、职业档案造假、职称造假、就业时间造假、学位造假等这些问题不仅困扰着招聘官，而且有时也困扰着普通大众。在现实社会中，因为太多弄虚造假事件造成了信任缺失，不仅让受害人苦不堪言，还给社会造成了巨大的资源浪费。

孵化的新产品设想了这样一个场景：互联网上陌生人之间不再担心被欺骗、敲诈，而是通过一份人类信任协议(Human Trust Protocol)，任何人都可以看到其他人的声誉数据和信任程度，从而与之交流。

在这个世界里，用户拥有信用数据的自主权。只要通过适当的许可，任何人都可以评估与他们产生互动的人的相关可信度。并且用户可以将他们的信用数据和信任度从一个社区转移到其他任何社区。总之，这是一个可以重新改善社交网络和共享经济服务的机制，通过改善其基本激励机制，来创建更加值得信任、可靠的互动。

首先，信任度要可以被验证。具体来看，就是用户能根据可靠的信息源验证信任度。比如，如果用户允许，构成信任度的互动记录可供其他用户查看；交互的结果已由以前活动的参与者验证（拥有数字签名），并且不可篡改。这些数据也不会被用户单方面修改。

其次，信任度应该能够"携带"，并且可以"移植"。用户的信任必须具有便捷性，并且要可以从一个应用程序移植到另一个程序。可移植性可以激励更多的应用程序来加入，因为他们可以访问到更准确的用户数据和画像。

同时，用户拥有所有声誉数据的隐私权和访问数据的控制权。比如，当我去找工作时，我可以披露自己过去工作项目的声誉数据，但我过去的租房数据相对来说就无关的，不必披露。我还可以控制自己要被披露的信誉数据的数量。但是如果我决定不向应聘公司透露工作相关的声誉数据，那么我就可能被视为信任度低的用户。总之，选择权完全由我自己控制。

而区块链的去中心化，数据轻易不可篡改、撤销，以及开放性与自治性兼容的优势，恰好就满足了信任协议所要求的生态系统。

二、芝麻信用

芝麻信用是蚂蚁金服旗下独立的第三方征信机构，通过云计算、机器学习等技术客观呈现个人的信用状况，已经在信用卡、消费金融、融资租赁、酒店、租房、出行、婚恋、分类信息、学生服务、公共事业服务等上百个场景为用户、商户提供信用服务。

芝麻信用是依据方方面面的数据而设计的信用体系。芝麻信用分是芝麻信用对海量用户信息数据进行综合处理和评估后得到的，它主要包含了用户信用历史、行为偏好、履约能力、身份特质、人脉关系五个维度。芝麻信用基于阿里巴巴的电商交易数据和蚂蚁金服的互联网金融数据，并与公安网等公共机构以及合作伙伴建立数据合作。与传统征信数据不同，芝麻信用数据涵盖了信用卡还款、网购、转账、理财、水电煤缴费、租房信息、住址搬迁历史、社交关系等等。

芝麻信用通过分析大量的网络交易及行为数据，可对用户进行信用评估，这些信用评估可以帮助互联网金融企业对用户的还款意愿及还款能力做出结论，继而为用户提供快速授信及现金分期服务。

从本质上来说，芝麻信用是一套征信系统，该系统收集来自政府、金融系统的数据，还会充分分析用户在淘宝、支付宝等平台的行为记录。

信用关系社会化将释放新的消费力

互联网信用本质上是一种消费能力，通过信用关系社会化形成新的消费能力将是推动经济增长的重要驱动力。

信用将为"互联网+经济"保驾护航

信用是经济发展的基石。"互联网+信用"，可以为"互联网+经济"保驾护航，让公众充分享受信息互通、资源共享带来的便利，让人和人、人和商户之间因为信用而简单。

"互联网+信用"也是普惠金融的必然选择

在传统征信模式下，主要考察拥有信贷历史、活跃信用记录的人群，无法覆盖大量的弱势群体。通过"互联网+信用"，芝麻信用可以覆盖更多的人群，特别是广大的农户、大学生、创业人群等弱势群体，推动金融普惠。

有助于营造人人守信的社会氛围

"让守信者一路畅通，让失信者寸步难行。""互联网+信用"可以帮助信用高的人获得更高效、更优质的服务，让失信者享受不到信用带来的便利，有助于让守信成为每个人的习惯。

（一）业务模式

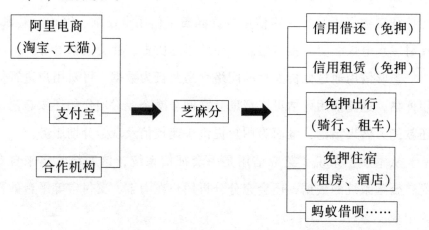

芝麻信用很好地协调了多方的需求平衡，既有数据的收集梳理，也有数据的量化展示，并有数据的最终输出。芝麻信用拥有采集、分析、使用的完整闭环。

（二）功能结构

其作为基础服务，功能多嵌入其他产品中，故不展开描述。

（三）差异化

传统征信系统的数据来源比较单一，但是这些系统当中记录的都是关于个人和企业比较核心的金融数据，如信贷、保险、税收等，都是"真金白银"，与个人信用之间的关联度比较强。互联网公司积累的数据虽然多，但是这些数据和个人信用之间的关联度比较弱，目前，如何利用这些关联度弱的数据分析个人信用的关系是个难题。

芝麻信用分正是依据芝麻信用能够用到的数据统计出来的，这些数据包括芝麻信用所在的蚂蚁金服集团多年积累的数据和与外部合作机构的数据。

芝麻信用管理有限公司是蚂蚁金服集团旗下的子品牌。阿里巴巴和蚂蚁金服本身积累的数据是芝麻信用的一大优势。这些数据包括淘宝、天猫等电商平台网络购物的相关行为数据，支付宝平台水电煤电信缴费数据、各种生活服务场景相关数据，还有千万级以上的贷款数据。其中，贷款数据包括阿里巴巴平台上接近两百多万的小企业贷款数据，千万级的天猫分期购的数据，以及消费者无忧支付产品蚂蚁花呗的数据。

外部的数据源大致可以分为政府公共部门的数据、合作企业的数据、金融机构的数据、用户自主上传的数据等几个方面。

通过多种渠道汇集的数据，芝麻信用分在评分当中，被分为五个维度：身份特质、履约能力、信用历史、人脉关系、行为偏好。芝麻信用首席信用数据科学家俞吴杰向媒体详细解释了每一项的具体含义：

◎身份特质是指在使用相关服务过程中留下的个人基本信息，包括从公安、学历学籍、工商、法院等公共部门获得的个人资料，未来还可能包括网络使用习惯等可以用于推测个人性格的数据。

◎履约能力包括享用各类信用服务并确保及时履约，例如租车是否按时归还，水电煤气是否按时交费等，还包括通过消费情况、消费稳定性、消费层次等来判断用户未来履约时具备什么样的能力。

◎信用历史是指过往信用账户还款记录及信用账户历史。俞吴杰介绍，这些历史包括用户在蚂蚁微贷、蚂蚁花呗等蚂蚁金服旗下服务的信用历史、支付宝还款的历史，还包括用户在合作伙伴处产生的信用历史。

◎人脉关系是指好友的身份特征以及跟好友互动的程度。根据"物以类聚、人以群分"的理论，通过转账关系、校友关系等作为评判个人信用的依据之一。在判断关系时，要看两个人之间联系的紧密程度，以及一贯的行为表现。

◎行为偏好是指在购物、缴费、转账、理财等活动中的偏好及稳定性。

在隐私保护方面，芝麻信用从信息的调用、运算、应用等层面来保护用户个人信息：

◎很多数据不是保存在芝麻信用中，而是保存在各数据源中，如政府机构、合作伙伴、电商平台等。

◎系统得到芝麻用户的授权，才会调用各数据源和与用户相关的数据，这个调用过程是没有人工参与的，都是系统运营的。

◎系统运营的过程会通过对运算规则的设置，按照法规要求，不涉及种族、血型、宗教、信仰等信息。

◎只有在用户授权的情况下，第三方才可以调用用户的芝麻分等信用数据。

从用户数据的调用、运算，到第三方对信用分等的使用都是在用户授权的前提下进行，在芝麻评分全过程中，工作人员不接触用户的信息，一切均由系统运营，确保用户隐私全程保密。

三、脉　　脉

脉脉 App 于 2013 年 10 月上线，是中国的实名制商业社交平台。2018

年 8 月 21 日，脉脉宣布完成 2 亿美元 D 轮融资。

脉脉打通"同事、同学、同乡、同校、共同的朋友"的五同关系。为商务人士降低社交门槛、拓展职场人脉，实现各行各业的交流合作，赋能中国职场人、中国企业，包括金融贸易、IT 互联网、文化传媒、房地产、医疗、教育百余个行业。

脉脉作为一款职场社交 App，致力于帮助职场人通过工作圈进行高效工作交流，掌握行业动态，分享职场经验和话题观点；通过找人办事拓展人脉，实现跳槽、挖人、找钱、找关系等。

脉脉的目的是为消除商业沟通壁垒，增强互信，从而形成符合中国国情的商业信用体系。

（一）业务模式

脉脉最初定位于职场社交平台，将自己类比成企业版微信，对标国际竞争巨头领英。

由于职场社交的主要需求为求职招聘、找人找合作，存在天然低频的天花板，脉脉于 2015 年先后上线"动态""话题"等内容功能，向职场社区内容平台转型。脉脉的这一打法取得了非凡的成绩，在 2017 年注册用户达 5000 万，月活达 800 万—1000 万，远远甩开了传统商务社交巨头领英，中国区月活数据始终在 80 万—150 万。

脉脉也正式成为估值 10 亿美金的职场社交独角兽。2019 年，脉脉向职场全面渗透，提出"成就职业梦想"口号，致力于帮助用户提高"人脉×职脉"，目前的主要市场业务有三个部分：求职招聘、能力提升（知识付费）、职场社交，脉脉定位于综合性的助力职业发展与职场社交平台，并计划未来向企业端渗透和全球化发展。

下图为脉脉的发展历程：

脉脉大事记

定位于"工作版微信"，B 轮融资 2000 万美金，注册用户达 80 万

实现盈亏平衡，C 轮融资 7500 万美金，注册用户达 5000 万，月活用户达 1000 万，坐拥商务社交"头把交椅"

2013　　　　2014　　　　2015　　　　2017　　　　2019

脉脉 App 发布 A 轮融资 500 万美金

开启商业化
由单一的职场社交平台向社区内容平台转型，注册用户达 500 万

定位于综合的职业发展与职场社交平台，商务社交领域渗透率 80% 以上，注册用户达 8000 万

脉脉的商业模式主要有广告、会员费（C 端、招聘端）、知识付费。

广告和面向 C 端的会员费都是以活跃用户数为基础，广告根据品牌展示类计费和效果投放类计费两大种，比较难量化。

会员按照 1.2 亿—1.6 亿的注册用户，10%—15% 的月活率的标准来统计，其月活用户应在 1200 万—2400 万，按月 5% 的付费用户，58 元/月的收费价格来统计，其会员费的市场空间应为 8 亿—9 亿元。

根据艾瑞发布的 2017 网络招聘半年行业报告的数据，2017 年上半年的市场规模达 27 亿元，传统两强的智联和 51 各占半壁江山。

雇主的规模在 750 万—800 万家，如果有 10% 到脉脉中进行社交化招聘，招聘版的收费为 458 元/月，其估算出来的市场空间应为 40 亿元左右。

（二）功能结构

1. 会员服务

为付费用户提供会员专属福利，职场商务版（58元/月）、职场招聘版和职场 VIP 版，让用户不仅可以享受到会员的优越感，并且可以寻找到三度人脉，比普通用户获取到更多的信息，部分截图如下：

2. 职位发布

通过消息提醒向目标用户发布投递简历的邀请，提高招聘职位的曝光率，招聘广告发布者主要有企业HR 和猎头，广告受众是有相关工作经验的职场人士，他们会在发布消息后收到大量简历，从而从中筛选出与岗位匹配度较高的人来进行面试。

3. 信息流广告

在"动态"的信息流中穿插广告，这是脉脉当前唯一有广告标识的商业产品。

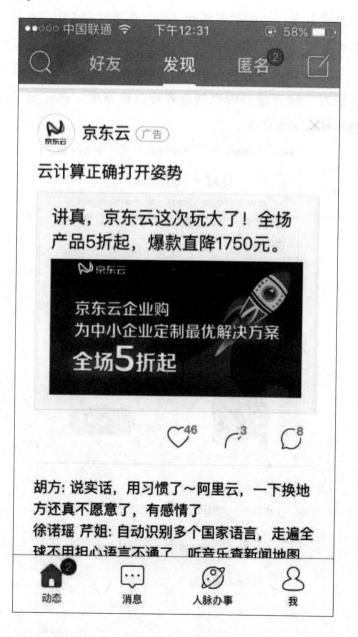

4. 脉课堂

脉课堂分为好书解读、商业、创投、成长、升职、干货、管理等七类，主讲人多为职场成功人士，以时长为 10 分钟左右的音频和文字稿的形式分享，功能类似得到 App、喜马拉雅 FM 和在行一点，用户先购买再收听整套课程内容；另外，在脉脉—头条—文章的末尾也会有相关的课程推荐，但没有广告标识，点击进去是课程详情介绍页，脉脉对于脉课堂的内容创造者持鼓励态度，这应该是内部的推广，暂不被认定为广告。

5. 广告定投

企业客户付费后，脉脉将其宣传信息投放给定向用户群，广告的展现形式为链接（HTML5、PPT、视频、招聘 JD、活动详情等），通过企业礼金吸引定向用户，广告的收费方式为 CPC（第次点击付费）计费。

（三）差异化

纯粹的商务社交是脉脉不同于其他社交应用的一大优势。现在市场上活跃着很多社交应用，朋友圈为人们提供了一个交流感情的空间。以微信朋友圈为例，发表各种状态，不同时间段的各种分享，将日常生活中的状态呈现在朋友圈中，相互了解现状。可是，这样"热闹"的朋友圈对于职场的人来讲，实在是"乱"。脉脉就是看到这一点，专门为职场人士开辟出一个全新空间，专门聊职场那些事儿！

在脉脉上，可以找到志同道合的朋友聊行业里的事、聊职业发展，甚至吐槽工作中的烦恼。从私密性上来讲，脉脉可以让用户畅所欲言，不用像在朋友圈那样，顾忌朋友、父母、兄弟姐妹、老板或者客户等会看到不想向他们公开的消息，脉脉既有实名动态，也有匿名八卦，私密性完全在用户的把握之中；从局限性来讲，朋友圈的范围是有限的。还是以微信朋友圈为例，那些没有与你加为好友的人是不会看到你的任何消息，那些行业里的精英、大佬是不可能在你的朋友圈内的，所以你们彼此只能是陌生人。脉脉就不同了，脉脉用户中有不少是行业间的领袖或精英，用户可以随时和他们交流。

脉脉的亮点也是非常明显的。准确梳理人脉是脉脉的一大亮点，和 LinkedIn 不同，脉脉不需要用户邀请朋友，不需要填写个人资料，只要根据用户的新浪微博和通讯录数据就可自动计算用户的好友和人脉网络。人脉的拓展让用户的朋友圈快速扩大，用户直接认识的人有200个左右，而通过脉脉的二度人脉，认识朋友的朋友，人脉圈可能很快就会拓展到几万，这就是脉脉的亮点所在。

脉脉的匿名八卦是脉脉应用中最活跃的板块。用户通过匿名八卦板块吐槽工作上的烦恼、行业小八卦等，为用户的压力、烦恼打开一个排解口，也将工作中的趣事进行分享，让工作不再枯燥。

（四）脉脉与领英的对比

1. 用户量

脉脉：仅国内市场。根据易观千帆数据显示，2017 年 11 月，脉脉活跃用户环比大幅增长 41.32%，12 月月活 325.42 万，环比增长 2.37%。2017 年全年，脉脉在所属的商务社交应用二级领域一直稳居第一；在社交以及商务办公等两个一级领域，从 2017 年下半年排名也开始稳步上升。脉脉官方发布称：2017 年脉脉实现了收入和用户月活数 5 倍增长，总用户数 3000 万人，并且仍呈加速增长态势。

LinkedIn：国际化布局。截至 2016 年 5 月，LinkedIn 中国用户数突破 2000 万；LinkedIn 全球用户数超过 5.62 亿。艾瑞数据显示：LinkedIn 的活跃渗透率为 2.91%，人均打开次数为 106.67 次，月度独立设备数为 227 万台，同比下降 6.7%，月度总有效时长 303 万小时，同比下降 9.6%（此处仅展示中国市场的相关数据）。

2. 人群分布

脉脉：中国各大城市的中青年职场人士和未来职场人士，无明显性别和地域区分。使用人群男女性别比例近似 55∶45，用户年龄多集中在 25—35 岁，城市分布也多是一二线城市，可以看出都是一些能够跟得上时代发展潮流的年轻人及高级知识分子。

LinkedIn：在国际市场，中国市场中的一二线城市的中高端职场人士及关注职场的人中，无明显性别区分。年龄分布多是 35 岁以下，性别比例同样接近 54:46，在我国，地区多分布在东部沿海的发达城市。

3. 定位

脉脉：品牌定位——中国领先的职场实名社交平台，"找工作人脉的职场社交 App"。移动端和 PC 端均有开发，但以移动端服务为主，提供移动职场社交服务。脉脉用于打通"同事、同学、同乡、同校、共同的朋友"的五同关系，为职场人士提供人脉拓展、塑造职业形象、洞悉职场万象、工作求职、高效率工作交流等功能，目的是消除商业沟通壁垒，增强商业互信。

LinkedIn：品牌定位——全球知名的职场社交及招聘平台，手机注册一键获取高质量人脉，"在领英，遇见更优秀的自己"。LinkedIn 的全球用户已超过 5 亿，其中 3200 万会员在中国市场，用于连接全球职场人士，并为用户提供更多的国内外职场机会，更倾向于高端人才的求职招聘。LinkedIn 最早开发为 PC 端，定位为全球职业社交网站。2014 年 2 月 25 日，LinkedIn 推出中文测试版网站，并启用中文名"领英"。随着移动终端及移动网络的发展，LinkedIn 开始布局移动端。但相对脉脉（2013 年 10 月上线），领英中国版（2015 年 12 月）上线时间较晚。LinkedIn 致力于帮助全球职场人士打造职业形象，获取商业洞察，拓展职业人脉并发现更多的职业机遇。

4. 目标人群

脉脉：中国市场的中高端职场人士以及即将步入职场的人群，如企业从业人员和在校大学生，并没有严格区分性别及地域分布，脉脉未来的目标是覆盖全国的职场白领。目标人群多集中在我国的中东部经济比较发达、高校林立及人才集聚的一二线城市。虽然注册的男女比例趋于相近，但从易观千帆数据显示来看，男性活跃数远超女性活跃数。

LinkedIn：全球中高端职场人士，LinkedIn 在中国市场的主要目标人群是职场中的中高端人士及在校大学生，同样也没有明显的性别区分。但由于 LinkedIn 源于国外，在进入中国市场之前中国用户多是一些外企员工、海归及国际知名企业高管等，同时由于其西方文化氛围较为深厚，多被作为高端职场社交求职平台，具有"高大上"的格调。基于其国际产品的特性，在中国市场的目标用户多是以东部沿海经济发达的城市为主，中东部相对发达且高校林立的城市为辅。

5. 隐私安全

脉脉的个人通讯录必须上传，否则无法使用，易让用户产生非法获取用户信息的不适感。同时，脉脉还会根据已经注册的用户的手机通讯录信息，给未注册用户发送如"×××，你被前同事评价为'×××'……"类的信息，易使用户产生信息泄露感。当然，对于同一条信息，仁者见仁，智者见智，但根据应用商店的评价来看，多数针对该发送短信行为的评价为负面评论，这就需要脉脉的管理者好好思考一下了。

LinkedIn 的注册可为仅适用工作或者学生信息即可登录，导入邮箱联系人与手机通讯录的步骤都可跳过。LinkedIn 发源于美国，国外将隐私保护看得很重要，因此，LinkedIn 不会轻易地借着用户的名号来给未注册用户发送邀请信息。另外，LinkedIn 的注销账户相对易找，且邮箱手机号可二次甚至多次注册，但有一个弊端就是申请注销之后，用户的信息会在 LinkedIn 平台上保留两周左右才会被完全清除完毕。

6. 核心功能

❖脉脉：共 3 个核心功能

（1）社交

◎实名社交：好友、发现和求职招聘都属于实名社交范围，用户可查看并评论、发布实名话题、与好友交流沟通等。

◎匿名交流：这是其最具个性化的功能。这一功能有利有弊，一方面，既可以让更多的人了解某一个公司的文化和工作环境，同时又是员工释放压力、吐槽不满的场所；另一方面，吐槽过多，甚至是恶意传播不良信息，很容易破坏某个公司的形象，对该公司产生不利影响。这一点是脉脉未来发展需要注意的，一定要避免变成八卦的集散地，丢失了原本的职场人脉拓展定位。

（2）人脉办事

◎人脉拓展：自动添加通讯录的人脉，脉脉还会推荐相同行业、同一地区、校友等可能认识的人脉。

◎求职招聘：平台会根据用户所关注的行业、个人信息等提供相对应岗位推荐，用户也可以自行搜索岗位、公司等，脉脉后台会记录用户的历史搜索，从而进行智能的职位推荐、职位邀请等。

◎脉课堂：脉脉的这个功能将网络课程放入其中，为求职人士提供求职课程推荐、课程优惠等信息，用户有需求时可直接在脉脉上购买相关的课程，补充知识。

（3）职业形象

职业形象主要就是进行个人资料的完善，通过资料的完善，以及相关隐私设置，用户能够轻易地被用人单位搜寻到，从而获得更多的内推机会。

❖LinkedIn：共4个核心功能

（1）社交

◎职场动态：发现职场最新消息，用户也可自行发送照片、文章等信息，查看、评论、分享好友的动态等。

◎消息通知：LinkedIn 的初衷就是通过邮箱联系人建立人与人之间交流沟通的平台，随着时代的发展，该平台也在不断地优化产品，联系人可以多方导入（邮箱联系人、通讯录），不仅有私信通知，还有职位推荐、必读推荐，功能愈加完善。

（2）职业

◎职位发现：LinkedIn 会根据用户所关注的行业、搜索历史展示相关职位。

◎工作体验：有类似于脉脉的匿名交流功能的工作体验话题讨论，但是其中以实名讨论为主，匿名话题相对较少，这与 LinkedIn 的原生思想有很大的关系，美国人的观念是言论自由，可以不在乎别人的看法，多数是将"私人恩怨"与工作分开的。

（3）人脉拓展

猜您认识：由于 LinkedIn 的邮箱联系人和通讯录导入是可以跳过的，因此平台会自动推送一些跟用户的某些个人信息相类似的可能认识的人，用户也可以通过这种方式拓展人脉。

（4）职业形象

这同样是个人资料的完善及相关隐私的设置，通过完善职业档案，可以直接通过职位推荐投递简历，提升用户在职业档案上的竞争优势。

7. 页面设计

脉脉的界面：

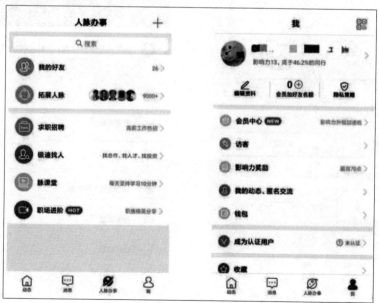

领英的界面：

脉脉的设计风格偏时尚，颜色更加多样化，白色背景，多彩图标，整体界面更加明亮，效果趋于扁平化，内容上更具幽默感，易拉近与用户之间的距离，版面多样化，各版面功能清晰明了，整体设计偏向"平易近人"。

LinkedIn 的风格偏商务化，以白蓝色为主题色，内容上属于中英结合，偏向国际化，功能展示更加官方化，体现出"高端商务范"，版面简洁且功能介绍清晰，整体界面设计具有更趋于官方、商务和高端化的特点。

8.内容侧重点

❖内容体现

脉脉：

◎动态发布与评论＋匿名交流：让更多的人了解到公司的文化及氛围，企业可借助话题讨论为企业做宣传，扩大企业的影响力，同时让更多的用户去参与讨论，增加互动。

◎求职招聘：当用户搜索某公司、某职位时，脉脉会自动显示可帮内推的公司内部员工，让用户更多地感受到平台在求职、寻求合作和拓展人脉等方面为其带来的好处。

◎拓展人脉：求职招聘作为内容的一大组成部分，是用户进行内推、了解更多信息的关键渠道之一。

LinkedIn：

◎职业动态及交流：中英文的信息都有，但英文居多，主要是一些行业精英、专栏作家和资深用户发布的动态，以及平台推送的全球热点新闻资讯等。

◎职位推荐：由于用户可以跳过通讯录及邮箱联系人导入，LinkedIn 后台并不能很好地收集到用户相关信息，仅仅根据用户提供的个人信息来进行职位推荐，造成职位推荐不精准。但该产品正在不断优化，从而可以根据用户的搜索偏好进行改进，做到相对精准的职位推荐。

◎校友、同行推荐：根据用户提供的信息，推荐添加好友。

❖内容核心功能的流程

脉脉的职位推荐以及行业信息更多的是根据用户的通讯录信息、行业关注及用户的隐私信息等加以收集整理，在进行大数据分析后，做到内容的精准推荐。

LinkedIn通讯录导入是可以跳过的，内容推荐多是平台根据热点事件进行推送，职位推荐及工作体验方面的推送主要是根据用户的关注及档案设置情况，内容相对不够精准。

❖内容体验

总的来说，脉脉内容更加精准，但是在搜集用户数据这方面易使用户无法接受，虽然保证了用户的数据不会被泄露，但是脉脉官方会根据已经注册用户的通讯录信息主动给未注册用户发送信息，这对于非脉脉使用者来说又何尝不是一种信息泄露呢？

虽然领英的内容推送做不到脉脉那样精准，但领英在对于用户的隐私保护方面做得还是相对较好的。同时，高端内容推送较多易使用户产生距离感，虽然保持了其高端职场的格调，但不利于长期发展，毕竟中低层职场人士数量更多。

9. 运营侧重点

脉脉：

◎头条文章推送：实时更新职场信息，用户阅读文章后可以了解到更多的行业信息。

◎匿名社区话题维护：经常性的话题互动、评论、点赞，让用户感觉到一种话题认同感，拉近彼此之间的距离。但社区维护方面仍需继续加强，避免过多的负面因素产生。

◎人脉拓展、职位推荐：借助数据收集系统，构建用户画像，精准用户定位，实现精准推送。

LinkedIn：

◎热点话题推送：职场信息全面推送服务，大咖分享，用户可进行查看、评论、转发等。

◎经验社区分享：工作体验及热门主题推送，内容大多是关于一些全球知名企业的，让用户了解到更多的跨国公司及世界知名公司的相关工作信息及相关工作体验，用户也可自行添加实习工作经验，增加用户之间的互动，但是该分享社区的内容仍较少。

10. 问题和优化

❖问题

脉脉：

◎通讯录上传问题

不上传通讯录的用户将无法使脉脉。脉脉存在的最大的问题就是通讯录上传的这一步骤，用户在初次使用时，到这一步常会选择不上传，但是不上传就导致了直接退出脉脉平台。就个人而言，初次使用本来就对脉脉不够信任，平台如此要求，难免会让用户生出一种不安全感，产生一种拿个人资料去换取职场信息的感觉。

实时监测手机通讯录。还有一个有关通讯录的问题就是每当用户新保存了一个手机联系人时，再次登录脉脉，就会提醒用户更新通讯录，增加人脉，更是给用户一种时刻被人监视的感觉，会降低用户的满意度。

原有联系人删除后但在脉脉中仍然存在，即好友关注后便不可删除。有关通讯录的第三个问题就是在通讯录更新之后，原有用户在现有通讯录中已经被删除了，但是在脉脉平台上仍然会被保留，且无法删除。

◎账号注销问题。虽然脉脉已经开放了注销账号的功能，但是一般很难寻找到注销功能，另外存在的一个问题就是该手机号无法二次注册。相比之下，LinkedIn 的体验就要好多了，它的账号同样是可以注销的，但是用户一旦想要再次使用时仍然能使用原手机号注册。

LinkedIn：

◎本土化问题。LinkedIn 的最大问题就是本土化不够彻底，虽然它在进入中国市场之后迅速推出了专注于中国市场的职场社交平台——赤兔，但是赤兔的定位介于普通社交平台与 LinkedIn 之间，略显尴尬，到现在赤兔的市场占有量并没有 LinkedIn 在中国的市场占有量大。LinkedIn 中文版的职场动态仍以英文居多，同时推荐的大咖也多是国外的，中国的鲜见。

◎用户的需求定位不清晰，做不到精准推荐。由于 LinkedIn 的联系人上传是可以跳过的，因此平台对用户的需求定位并不清晰，往往会推荐一些与用户需求不相匹配的职位、公司。长此以往，容易让用户丧失搜索兴趣。

❖建议

脉脉：

◎给予用户信息安全保障。通讯录上传功能可以是必须的，因为这是脉脉进行精准定位的关键，但是脉脉平台必须在通讯录上传之前给用户提供安全保障，可以是隐私安全保障协议或者其他方式，让用户对该平台放心；在更新通讯录时，对于是否保留已被删除的之前的联系人，脉脉可以设置一个询问是否删除人脉的机制，让用户去选择是否保留。在联系人方面，脉脉也在逐渐完善这一服务，即在"我"页面中，"隐私策略"中的"管理联系人"可以删除现有的联系人。但用户如果并不熟悉脉脉，可能发现不了此项功能，因此，可将"管理联系人"列在"人脉办事"页面中，同时在"删除已选"联系人的基础上，增加"导入新的人脉"功能，将拓展人脉的主动权交还到用户手中。

◎注销账号功能清晰体现。尽量将账号注销功能显示在个人中心页面，避免初次使用者找不到账号注销功能，从而对该产品失去信心。账号注销之后，也应该尽量避免账号注销不可二次注册的问题，一些人的通讯录中可能有他所有的人脉关系，如果一不小心注销了账号，结果用户还要再次购买一个新的手机号才能挽回人脉关系，这就会降低用户的满意度。

LinkedIn：

◎本土化可以结合赤兔以及 LinkedIn 的优点强化 LinkedIn 中国版，尽量多推荐与中国相关的一些资讯等，或者是添加语言选择功能，让用户选择使用中国版 LinkedIn 还是国际版 LinkedIn。推荐大咖也尽量以中国大咖为主，外国大咖为辅。

◎详细的职位需求及行业关注。增加较为详细的职位需求设置功能，根据用户的设定推荐相关的公司及职位。同时收集用户的搜索偏好，进而对用户的需求进行相关分析，优化推荐功能。

整体而言，目前的竞品大多是单个方向的，在行业方向、业务模式上无直接的竞争对手。

在行业领域内，由于当前模式也属于创新内容，亦暂无直接竞品。

第六章　涉海翻译语言服务区块链人才库
——职业信用数字资产

一、界　　定

涉海翻译语言服务区块链人才库是一个基于区块链技术的职业信用数字资产平台，是职场行为客观记录仪，记录担任职位、劳动合同起止时间、薪水情况、每月考勤情况等，包括四个方面的价值定位：

全球首个职业信用 数字资产平台	全球首个职业 信用档案平台	全球首个职场 价值观共识平台	全球首个个人 代币发行平台

涉海翻译语言服务区块链人才库由用人单位为员工记录每月职场信用资产，从而解决用人单位管人难的刚需。在涉海翻译语言服务区块链人才库中，由用人单位记录员工的职业履历信息，例如员工岗位信息、工作成绩、奖惩记录等。员工在更换工作单位后，这些信息会跟随员工到下一家工作单位。区块链底层技术的性质决定着这些信息

永远不可篡改。通过涉海翻译语言服务区块链人才库，企业可全方位准确、真实地了解员工的工作经历等。

对员工来说，职业信用是可信的个人数字资产，涉海翻译语言服务区块链人才库能够帮助员工积攒过去散落丢失的宝贵的信用数字资产，是一个未来必备的个人职业信用数字资产平台。员工努力工作就是积攒信用，为明天积累，为未来打好基础。职业信用就是自己未来价值最好的凭证。

二、背　　景

❖区块链技术逐渐成熟

区块链是一种分布式记账（存储）技术，通过多个网络节点共同记账，基于密码学原理，将账目（数据区块）按照时间顺序进行存储，并形成链式结构。区块链技术具有以下特征：

◎高可容错性：分布式网络，去中心化信息，容错1/3左右节点的异常状态。

◎不可篡改性：一经提交后的数据会一直存在，不可被销毁、修改或伪造。

◎隐私保护性：密码学保证了未经授权者虽能访问到数据，但无法解析。

综合上述特征，基于区块链技术的网络第三方担保机构，可作为多方信任的基础。

❖加密数字货币

加密数字货币是基于区块链技术开发实现的一种数字货币。比特币的出现标志着加密数字货币的正式诞生。在此之前，"数字货币""电子货币""虚拟货币"等就已经出现了。加密数字货币使用密码算法，实现了加密货币特有的安全、公开、可追溯支付和交易。基于密码学的设计，加密货币只能被真实的拥有者转移或支付。

❖涉海翻译语言服务区块链人才库应用生态

职业信用是指个人从事某一职业或担任某一职位时，表现出来的关于职业技能、职业道德和各方面素质的综合记录和评估。简单来说，职业信用就是指职业人在诚信度、合规度、履约度方面的信誉和能力。

职业信用是个人商业信用、资产信用、信贷信用的基础，它反映了个人学识和经验提升的过程、工作责任的承诺与遵守、职业角色定位、收入或财产来源的渠道，是企业识别和配置人力资源的基本依据。

在人才快速流动的时代，企业面临着管人难、招聘效率低下、优秀人才难以脱颖而出等问题。从人才招募的角度来说，企业还会遇到各类虚假简历、资历等问题。人是社会最基本的组成元素。长期以来，在一定程度上，社会诚信缺失是对职业信用管理的缺失，而职业信用是其他社会信用的基础。职业信用管理产业的发展，为用人单位和人才之间的沟通架起了一座诚信的桥梁，并且有效地约束了职业人和用人单位在职场中的各种不良行为，从而在较大范围内快速形成一种积极、向上、敬业的职场氛围，实现国家人力资源的最大化地开发和利用。互信机制一旦建立，将极大提高整个社会的运行效率。职业信用管理产业的发展，最终必将会在全社会形成一种强大的正能量，促进社会整体诚信水平发展，提升社会运行效率。

三、定　位

涉海翻译语言服务区块链人才库是一个基于区块链技术的职业人才信用数字资产平台。

四、对　象

❖个人用户

每个人都应享有一份伴随终生的职业信用数字资产。区块链的特点之一是信息的不可篡改性。在语言区块链诞生之前，世界范围内并未出现得到广泛认同的职业信用档案平台，职业信用数据并未得以妥善记录。如今，通过涉海翻译语言区块链人才体系架构平台，每个人都可以获得一份伴随终生的职业信用数字资产。

职业信用数字资产是特殊的母资产。个人在升职加薪、商业合作、人际往来过程中产生的各类金融性资产，是倚重于优质的个人职业信用的。从这个角度而言，职业信用资产是个人其他资产的母资产。

涉海翻译语言服务区块链人才库是最高效的个人用户自我管理工具。通过给员工记录影响其一生的职业信用档案，通过涉海翻译语言区块链人才体系架构代币的自动奖励机制，企业价值观共识在员工间快速构建起来，从而使管理快速进入员工自我管理状态，极大地提高了企业的管理效率和生产效率。

五、功　　能

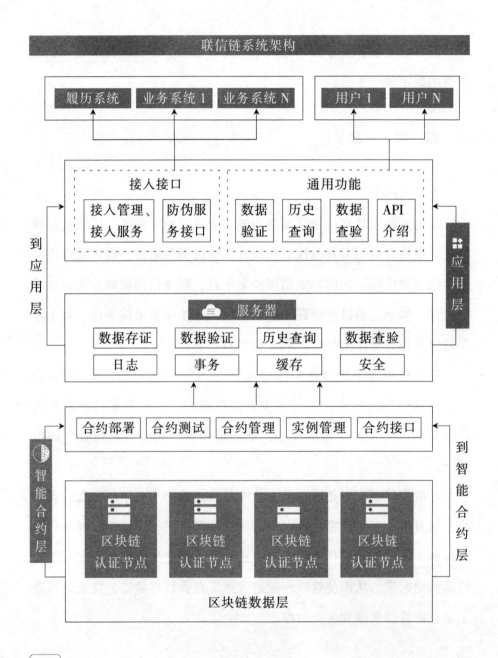

（一）功能结构图

（二）重点功能分析

❖高效的管理工具——可信的职业信用档案平台

涉海翻译语言服务区块链人才库起着功德簿的作用，它是一个可信的职业信用档案平台。在征得员工同意后，由信息节点每月发布记录所属员工在职期间与职业能力、职业绩效相关的数据，对员工职信进行综合评分，高评分的优秀员工可以自动获得系统奖励的 Token（代币），信息节点也可以将奖金福利以 Token 形式发放给员工；通过对涉海翻译语言服务区块链人才库大数据的分析可以得到员工的业绩在行业内的排名，在行业内某城市的排名，客观透明，同时起到好人得好报的影响，后进者主动积极改良提升的作用，是一种无形的力量、一种积极的督促。

涉海翻译语言服务区块链人才库运营团队并不对人做任何评价，评价是由信息节点给出的。涉海翻译语言服务区块链人才库起到的作用是档案保管，不可更改保存评价的内容，再查询或翻看时的资料是真实可靠的。

其管理流程如下图所示：

管理

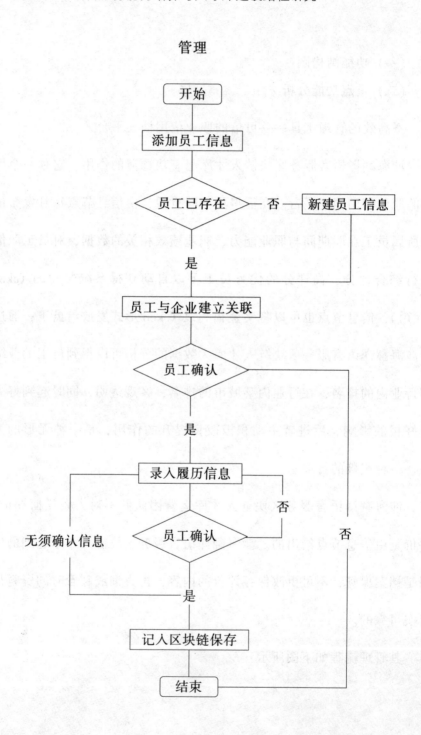

❖基于可信简历和背景调查的招聘求职、猎头

基于区块链的涉海翻译语言服务区块链人才库更能得到行业企业的认可，招聘求职效率将极大提高。一个人的主要痛苦便是"自己的好"不被人认知、不被人信任，不被人赏识。涉海翻译语言区块链人才体系架构，基于区块链天然的免信任特征，将极大降低每一个人在职场、在社会中被认知的成本，极大提高每个人被认可的快感，从而极大提升每个人的幸福指数。未来，涉海翻译语言服务区块链人才库可能是个人简历信息的传播原点和唯一的平台，而其作为所有者将获得流转过程中的收益，充分保障人才的所有权。涉海翻译语言服务区块链人才库作为唯一的支付媒介也将获得价值升值。

❖涉海翻译语言服务区块链人才库——大数据与人工智能和第三方的信用接口

除了鼓励在涉海翻译语言服务器区块链人才库平台开发应用之外，还对外开放各种 API 接口，实现涉海翻译语言区块链人才体系架构和其他产品之间的交互，充分带动涉海翻译语言区块链人才体系架构的价值。

涉海翻译语言服务区块链人才库数据最大的价值之一是为涉海翻译人才体系生态圈中的其他生态产品或机构提供信用服务，如同人体的血液一样，可以为身体各个器官提供动力，比如，涉海翻译语言区块链人才体系架构可以为政府、会议提供数据信息，第三方产品信用接口可扩展空间巨大。

涉海翻译语言服务区块链人才库可以记录涉海翻译人才体系每个人的职业履历资信，将快速构建全新的社会信用，它的影响力足以影响整个社会。而在涉海翻译服务区块链人才库规划的第一个阶段，我们将把所有精力集中在第一个领域即涉海翻译人才库内高效的人才库管

理工具，我们将其他领域的应用和扩展留给后期及其他生态参与者。

六、差异化

去中心化的模式创新：涉海翻译语言服务区块链人才库是一个开放和易扩展的基于职业信用的区块链开放平台。这就意味着用户不但可以使用涉海翻译语言服务区块链人才库的基础功能，还可以定制开发满足特定业务的扩展应用。

七、区块链的使用

（一）技术概述

涉海翻译语言服务区块链人才库是一套自主迭代研发的独立区块链，实现了去中心化数据管理的底层，它是一条在公网（开放式互联网）上运行的联盟链（有一定的准入门槛，也称许可公链）与公链的结合。在业务层面，采用了联盟链模式，在此基础上结合自身承载应用的特性和未来生态建设的考量，进行了大量的开发和扩展，形成了涉海翻译语言服务区块链人才库专属的区块链。

涉海翻译语言服务区块链人才库初始更专注于职业履历、去中心化内容平台等应用，这些应用的使用者将更加看重平台的权威性和性能指标。由于涉海翻译语言服务区块链人才库平台可扩展的架构设计，未来可完全开发或引入更多基本组件和扩展插件，以支持更为丰富的区块链应用。涉海翻译语言服务区块链人才库技术社区将兼顾标准与开放性，为社会各行产业打造完善的区块链应用平台。

涉海翻译语言服务区块链人才库嵌入 Tensor Flow、Caffe 等人工智能运算框架，整合算力进行人工智能运算，并通过人工智能技术实现对人才信用的风险预测、趋势预测及智能决策。同时结合链上大数据进行多维度分析，为涉海翻译语言服务区块链人才库提供强大的数据支持。

（二）包含区块链的技术框架

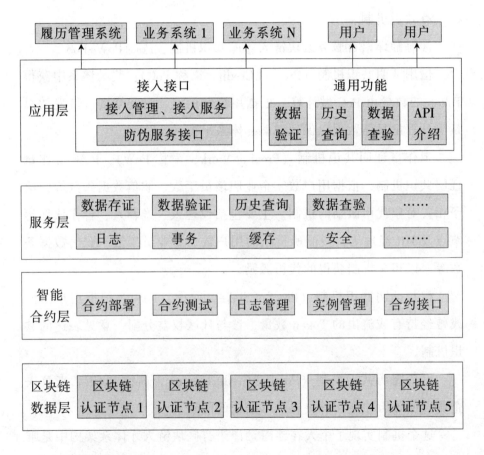

❖ 网络节点

涉海翻译语言服务区块链人才库采用去中心化的数据存储机制，由多个节点组成 P2P 分布式网络，每个节点都是平等的。节点之间相互验证，形成安全可信的数据网络。

❖技术参数

交易速度：5000 tps，区块容量：5M，区块产生规则：每 10 条交易产生一个区块，单位时间内如果不到 10 条交易也会生成一个区块，没有交易则不生成区块，"单位时间"底层设置为 2 秒，涉海翻译语言服务区块链人才库应用层设置为 10 分钟。

❖共识机制

涉海翻译语言服务区块链人才库共识机制：PoC+PoW+PoS

信用证明共识机制（Proof of Credit，简称 PoC）：奖励体系中获得 Token 的数量由 PoC 做计算，根据用户信用值、时间维度、待发放总量等计算出具体数据以保证 Token 体系平衡。

工作量证明共识机制（Proof of Work，简称 PoW）：PoW 工作量证明共识机制，依据用户数、企业职信员工数、职信数据条数等，给予相关对象代币激励的机制。主要包括代理人、推荐人、合作伙伴等节点及 HR 经理等，按照所贡献的用户数、企业员工数、职信数据条数等，以相关机制获得的代币激励。

权益证明共识机制（Proof of Stake，简称：PoS）：根据用户当前或曾经持有或流出的 Token 数量，参与社区权益分配、意见表达的共识机制。

可信履历共识机制（Proof of Credit Resume，简称 PoCR）来解决企业添加履历冲突和解决履历可信任的问题。

这个机制实现了个人在涉海翻译语言区块链人才体系架构中是唯一的，不会产生重复的个人账号或信息。

将个人身份证号以及个人的在职状态作为判断参数，当信息节点添加入职员工时，需要先向个人申请授权（填写个人身份证号，发送授权申请）。如果个人不存在涉海翻译语言区块链人才体系架构中，则自动创建个人账号信息并给个人发送授权申请；如果个人已经存在于涉海翻译语言服务区块链人才库中，则直接发送授权申请。在职状态保证了个人只能就职于一家单位。

❖言值模型

◎报告完整度：个人能力和信用信息的多维度是否完整

◎活跃贡献度：个人参与系统内互动的频繁度和积极性，只有活跃才能获取人才数据

◎平台认可度：个人邀请他人入驻和个人人脉数量、质量

◎能力经验值：个人的过往学习经历、项目经历、他人好评等

◎学习成长度：个人参与学习的积极性、考试成绩等，体验好学程度和成长度

后 记

　　海洋在国家经济发展格局和对外开放中的作用越来越大，海洋开发具有巨大的经济效益和社会效益。我国海洋开发历史悠久，海洋产业对国民经济的贡献越来越大。海洋产业的繁荣，促进了我国海洋经济发展。涉海领域高级翻译人才是进一步促进我国海洋经济发展的主力军，是我国 21 世纪海洋强国建设的需要。

　　大连海洋大学是我国北方地区唯一的一所以海洋和水产学科为特色的多学科高等院校，肩负着培养具有海洋特色高层次翻译人才的重任。此校 2014 年获批翻译专业学位授权点，2015 年开始招收第一届翻译（英语笔译）硕士专业学位研究生。此校在翻译领域依托海洋和水产的办学特色，以"涉海类大学专业翻译人才培养模式和体系"为核心理念，秉承水产贸易英语复合性应用型本科人才的培养经验，开展海洋经济背景下的翻译研究，特别针对海洋经贸及海洋科技专门用途英语进行翻译理论、翻译实践和翻译技巧方面的分析和研究，与海洋科学、海洋经济、海洋水产、海洋文化等涉海领域研究形成交叉、互补，突显海洋经贸及海洋科技领域行业英语的翻译特色。人才培养突出了服务海洋经济和海洋产业，更加强调与海洋产业相关的经济贸易翻译的培养。旨在培养德、智、体、美全面发展，能适应国家经济、文化、社会建设需要，胜任不同专业领域，尤其胜任海洋经济领域所需要的高层次、应用型、专业化翻译人才。

本书作者在大连海洋大学从事翻译硕士教学工作，在多年翻译教学与研究的基础上，以辽宁省教育厅 2019 年度科学研究经费项目"服务辽宁海洋经济发展的涉海翻译人才语言服务能力体系构建及路径研究"（项目号：JW201903）为依托撰写了本研究成果，旨在为涉海高校培养满足语言服务行业需求的跨语言、跨文化、跨领域的具有较强语言服务能力的复合型涉海翻译人才提供借鉴，为企业对涉海翻译人才库体系建设在功能、业务、技术等方面给予指导，提高涉海翻译人才语言服务能力的核心竞争力。

在本书撰写过程中，得到了课题组成员王倩、李明秋、崔永光等人的协助，在调研过程中得到了大连朝云科技有限公司金钊总经理的大力支持。在本书出版之际，向对本书编写工作给予支持和帮助的所有人员表示最衷心的感谢！

由于原始资料有限，编写时间仓促，疏漏、不当之处在所难免，敬请读者多多指正。

著　者

2022 年 2 月 23 日